RÉBELLION IVOIRIENNE

Chronologie d'une longue marche
vers le pouvoir

Denis Pryen et Arsène Touho

RÉBELLION IVOIRIENNE

Chronologie d'une longue marche vers le pouvoir

L'HARMATTAN

5-7, rue de l'École-Polytechnique, 75005 Paris

http://www.librairieharmattan.com
diffusion.harmattan@wanadoo.fr
harmattan1@wanadoo.fr

ISBN : 978-2-336-00219-4
EAN : 9782336002194

Introduction

« ...En cas de conflit, il ne peut y avoir de responsabilité unilatérale, ce n'est pas possible. Si vous prenez des armes et que vous vous confrontez, il y a la participation de chacun aux résultats. (...) Dans cette circonstance, je pense que chacun doit humblement reconnaitre qu'il a pris part, d'une certaine manière, à la survenue de tout ce qui est arrivé ». Dans le gouvernement d'Alassane Ouattara, heureux lauréat de la Côte d'Ivoire post 11 avril 2011, on ne peut pas trouver meilleure analyse objective que cette déclaration de M. Coulibaly Gnénéma, Ministre des Droits de l'Homme. Si cette déclaration est frappée du sceau de la préciosité, ce n'est pas seulement parce que son auteur est un proche collaborateur du chef de l'Etat ivoirien ; c'est surtout parce qu'elle rentre en collision avec la justice des vainqueurs qui prévaut en Côte d'Ivoire depuis le 11 avril 2011 et qui tient pour uniques responsables des conséquences de la crise postélectorale Laurent Gbagbo, ses collaborateurs, ses parents et ses partisans. On le voit bien, la justice ivoirienne, telle qu'elle s'applique en ce moment, affiche la prétention de défier une vérité universelle et antique qui établit que la guerre est une activité qui suppose invariablement deux camps protagonistes. Tout est fait pour tronquer les faits, falsifier l'histoire afin de dissimuler la vérité. Dans cette dynamique du faux où le mensonge devient le gouvernail de l'action politique, Laurent Gbagbo devient, du coup, le bourreau de toutes les victimes, le fardeau dont il faut se décharger, la peste dont *« l'éradication »* résoudrait tous les problèmes de la Côte d'Ivoire. En agissant ainsi, le

pouvoir d'Abidjan se comporte comme si l'histoire des deux dernières décennies de la Côte d' Ivoire n'était connue que par les vainqueurs du 11 avril 2011. Ne dit-on pas que l'histoire est écrite par les vainqueurs ? Il est, certes, indéniable que l'histoire est écrite par les vainqueurs, mais il n'en demeure pas moins vrai que la fabrication de l'histoire peut échapper au gré des vainqueurs et surtout lorsque le récit est fait par des témoins libres et ''incolores''. C'est à ce besoin de vérité que répond l'ouvrage que vous tenez dans vos mains. La vérité qu'il veut établir, ce n'est pas celle des interprétations et encore moins celle de la compréhension des événements. La vérité qu'il entend rappeler c'est celle des faits, rien que les faits et les faits dans leur nudité la plus absolue. Cette vérité nue selon laquelle l'arrivée d'Alassane Ouattara est bel et bien l'aboutissement d'un vieux projet dont la violence armée était le moyen et dont la France était la caution.

Les élections de 2010 n'ont servi que de prétexte pour la réalisation de ce projet arrêté d'une prise du pouvoir par la force brutale. Des preuves pour l'attester sont légions. Et parmi elles, cette correspondance qui est partie de l'Elysée en direction de Port-Bouët, cette commune balnéaire de la ville d'Abidjan qui abrite les troupes militaires françaises. Dans cette note référenciée N°45821 / EMA / CPCO / CD / 2010 en date du 1er octobre 2010 et classée *« secret défense »* de l'état-major des Armées françaises, c'est le général de brigade Castres Didier qui communique au général de brigade Autran Francis (commandant des troupes françaises de l'opération Licorne à Abidjan) la position de l'Elysée sur les élections présidentielles qui s'annonçaient. Il écrit : *« ... Alassane Ouattara, président du Rassemblement des républicains est le candidat de l'Elysée ».* Il s'agissait clairement, indique la note, *« d'obtenir un changement d'interlocuteur au sommet de l'Etat ivoirien »* afin de *« garantir par effet induit le maintien du leadership français dans la région »*. Pour ne laisser aucune chance à l'interprétation équivoque, l'Elysée a pris le soin de préciser que *« cette opération spéciale et clandestine a une haute valeur stratégique pour les plus hautes autorités politiques françaises et leurs alliés civils et militaires ivoiriens discrètement impliqués dans le dispositif opérationnel qui œuvrent à l'avènement, au soir du 31 octobre 2010 (premier tour de la présidentielle), d'un nouvel ordre politique dans ce pays où les intérêts économiques et militaires doivent être maintenus et renforcés »*. Le moment était donc venu pour que soit achevé, le travail pour lequel la rébellion ivoirienne avait été mise en route.

Pour des besoins de convenance liés aux exigences des objectifs politiques, les acteurs de la rébellion veulent effacer leur propre histoire. Un peu comme si cette rébellion avait été engendrée naturellement comme le nuage noir engendre naturellement la pluie. Et pourtant, la réalité est bel et bien là qui nous interpelle. Le 11 avril 2011 est indéniablement l'épilogue d'un long métrage dont il convient de rafraichir les principales séquences pour la gouverne de tous. C'est à cet exercice que se livre *Rébellion ivoirienne : chronologie d'une longue marche vers le pouvoir*.

Ce livre veut aider à la compréhension de ce qui se passe en Côte d'Ivoire aujourd'hui. Il ne s'agit pas pour nous de retracer l'histoire politique de ce pays. Il est plutôt question de remettre au goût du jour les principales dates qui ont marqué la marche d'Alassane Ouattara vers le pouvoir. Nous nous sommes gardés de tout jugement de valeur en nous limitant à ne rapporter que les faits que chacun peut toujours interpréter selon ses ''lunettes'', mais dont personne ne peut nier qu'ils sont advenus. A charge au lecteur de se faire sa propre opinion.

Le récit auquel nous vous convions maintenant commence en 1990, année où la grave conjoncture économique et l'obligation de payer les dettes de la Côte d'ivoire a contraint le président Félix Houphouët Boigny de recruter un fonctionnaire du Fonds Monétaire International (FMI) pour redresser l'économie ivoirienne ; il s'agit d'Alassane Ouattara. Ce récit se termine en 2012, dans les encablures de l'Ouest de la Côte d'Ivoire où à Taï, Blolequin, Touleupleu, Guiglo et Duékoué, l'arrivée de Ouattara au pouvoir a donné à ses FRCI (Forces Républicaines de Côte d'Ivoire) le moyen de s'adonner aux pires exactions auxquelles l'entendement humain ne saurait s'attendre.

Au soir de la lecture de *« Rébellion ivoirienne : chronologie d'une longue marche vers le pouvoir »*, plus rien ne pourra vous étonner. Vous aurez compris la trajectoire des uns même si vous ne manquerez pas de vous laisser révolter par l'incohérence inacceptable des autres.

Toutefois, ce livre n'a pas la prétention d'avoir rapporté tous les événements importants de la marche de la rébellion ivoirienne vers le pouvoir. D'ailleurs nous sommes conscients que cela était quasiment impossible d'autant plus que la discrétion, le sacré, le tabou ont souvent enveloppé les actions des protagonistes. Dès lors, les éventuels témoignages de tout sachant seront forcement les bienvenus pour l'éclosion de la vérité sur le drame ivoirien. Bonne lecture !

1990

L'ANNÉE OÙ TOUT A COMMENCÉ

18 avril : Entrée d'Alassane Ouattara sur la scène politique ivoirienne.

Le début des années 90 est marqué par la grave conjoncture économique qui frappe la Côte d'Ivoire. Pour mettre fin à cette crise provoquée par la chute des cours des matières premières et par le poids de la dette extérieure, le Président Houphouët Boigny fait appel au Docteur Alassane Ouattara qui travaillait jusque là au Fonds Monétaire International (FMI). Il le nomme président du Comité interministériel de la coordination du programme de stabilisation et de relance économique.

03 mai : Instauration du multipartisme.

Les effets de la crise économique se multiplient et la grogne sociale s'accentue qui se matérialise par des manifestations publiques hostiles au parti unique. C'est donc sous la pression de la rue que ce 3 mai 1990, Félix Houphouët Boigny instaure le multipartisme.

28 octobre : première élection présidentielle pluraliste.

C'est la première fois de l'histoire de la Côte d'Ivoire qu'une élection présidentielle oppose deux candidats : Félix Houphouët Boigny et Laurent Gbagbo. Félix Houphouët Boigny est réélu avec 82% des voix.

6 novembre : modification de l'article 11 de la Constitution.

Un amendement est apporté à l'article 11 de la Constitution qui est désormais libellé comme suit : « *en cas de vacance, de la présidence de la République par décès, démission, ou empêchement absolu constaté par la Cour Suprême saisie par le Gouvernement, les fonctions de président de la République sont dévolues de plein droit au président de l'Assemblée Nationale* ». La version précédente de cet article ne prévoyait qu'un intérim de quarante cinq à soixante jours, le temps d'organiser des élections générales. Dans le fond, cet amendement n'est pas fortuit. Il vient départager par avance deux clans rivaux qui se mettaient en place autour du président Houphouët Boigny et qui commençaient à se combattre en silence : le clan Bédié et le clan Ouattara. C'est la guerre froide des héritiers. Il s'agit pour « Le Vieux » (nom affectif d'Houphouët Boigny) qui sent qu'il progresse irréversiblement vers la fin de ses jours de neutraliser toute confusion sur sa succession en établissement clairement et constitutionnellement la dévolution du trône présidentiel aux mains du pur produit du PDCI Henri Konan Bédié (président de l'Assemblée Nationale) et non aux mains du transfuge Alassane Ouattara. Plusieurs témoignages concordants de cadres du PDCI-RDA dont Laurent Dona Fologo et Bédié lui-même rapportent que Houphouët Boigny avait même réuni les principaux acteurs des deux clans pour leur signifier que personne ne devrait combattre Ouattara car celui-ci, dit-il, est venu pour redresser l'économie du pays et non pour faire de la politique.

7 novembre : Alassane Ouattara Premier Ministre.

Le poste de Premier Ministre est nouvellement créé et Ouattara devient donc le tout premier Premier Ministre de l'histoire de la Côte d'Ivoire.

1991

L'ANNÉE DES PREMIERS REMOUS POST MULTIPARTISME

17-18 mai : Descente musclée de l'armée à la cité universitaire de Yopougon.

Après des affrontements entre policiers et étudiants qui ont eu lieu dans la matinée, l'armée fait une descente musclée à la cité universitaire de Yopougon qui abrite près de 7 000 étudiants. Cette opération qui se passe nuitamment et qui fait 3 morts et une vingtaine de blessés graves est menée par la Force d'Intervention Rapide Para-Commando (FIRPAC) créée et dirigée par le Général Robert Guéi chef d'état major de l'armée.

L'opposant Laurent Gbagbo exige la mise en place d'une commission d'enquête en vue des sanctions contre les auteurs de ces violences contre les étudiants. Félix Houphouët Boigny s'oppose ouvertement à la mise en place de cette commission et déclare : *« je ne peux pas retourner mon propre couteau contre moi »*.

1992

L'ANNÉE DES PREMIÈRES TENSIONS ENTRE LE POUVOIR ET L'OPPOSITION

18 février : Répression de la marche du FPI.

Le début du mois de janvier est marqué par des manifestations étudiantes en signe de protestation contre le refus du président Houphouët de poursuivre le chef d'Etat Major de l'armée considéré comme le principal responsable des exactions commises en mai 1991. Le 18 février, le FPI, parti de Laurent Gbagbo décide d'organiser une marche pour mettre la pression sur le gouvernement. Très vite, la marche dégénère et il s'en suit une course poursuite entre marcheurs et forces de l'ordre dans les rues de la commune du Plateau. Laurent Gbagbo est arrêté au sous-sol d'un immeuble où il s'était mis à l'abri. En l'absence de Félix Houphouët Boigny malade, c'est sous l'autorité de son Premier Ministre Alassane Ouattara que la répression s'organise. Laurent Gbagbo est condamné le 6 mars à deux ans de prison ainsi que huit autres dirigeants politiques ou syndicaux.

1993

DÉBUT DE LA GUERRE DES HÉRITIERS

9 mars : Premier duel entre les héritiers.

Sous l'impulsion d'Henri Konan Bédié, Président de l'Assemblée Nationale, les députés ivoiriens demandent au président de la République de surseoir au programme de privatisations. Cette démarche révèle au grand jour la guerre de succession qui couve sous le feu. En fait, le clan Bédié soupçonnait le Premier Ministre Alassane Ouattara de prétexter de la politique de privatisation pour acquérir lui-même des sociétés d'Etat. D'où cette formule évocatrice apparue dans la presse : *« le Premier Ministre vend, Alassane Ouattara rachète ! »*. Le président Houphouët réagi à cette crise et renouvelle sa confiance au chef du gouvernement.

7 décembre : Décès de Félix Houphouët Boigny.

C'est Alassane Ouattara qui est chargé d'annoncer le malheureux évènement à la télévision nationale. Il fait l'annonce mais manque de tirer clairement les conséquences constitutionnelles de cette situation. Comme le prévoit l'article 11 da la Constitution, il revient dans ce cas à l'exécutif de saisir la Cour Suprême qui constate la vacance du pouvoir, lequel échoit au Président de l'Assemblée Nationale. Mais il apparait clairement que Ouattara qui incarne l'exécutif n'a pas du tout l'intention de se presser pour saisir la Cour Suprême. Alors, Henri Konan Bédié décide de prendre ses responsabilités. Le même soir, il débarque au siège de la télévision nationale escorté par la gendarmerie nationale et se proclame nouveau président de Côte d'Ivoire. « *Mettez-vous à ma disposition !* », lance-t-il aux ivoiriens.

9 décembre : Démission de Ouattara.

Ouattara annonce sa démission ainsi que celle du gouvernement.

1994

DÉBUT DE LA CAMPAGNE ANTI OUATTARA

26 janvier : Fraternité Matin lance l'offensive dans la presse.

Le quotidien gouvernemental Fraternité-Matin lance une virulente attaque contre celui qui est devenu le rival de Bédié, Alassane Ouattara. Il est accusé de *« troubler l'ordre public »* et le journal l'avertit que le pouvoir dispose de *« moyens pour écraser la chienlit »*. L'accusation de Fraternité-Matin se fonde sur les incidents qui ont émaillé le retour au pays de Ouattara, le 22 janvier, après trois semaines de vacances en France. Plusieurs centaines de ses partisans avaient voulu l'accueillir à l'aéroport mais en avaient été dissuadés par les forces de sécurité.

27 juin : Le PDCI explose.

Certains dissidents du PDCI-RDA créent leur parti politique qu'ils appellent le Rassemblement Des Républicains (RDR). A l'origine de ce projet de dissidence, la frustration de Djéni Kobina membre du (comité central) à qui la parole fut refusée au congrès d'avril 1994 et qui est sorti de la salle avec la ferme résolution de revenir sur la scène politique avec son propre parti politique.

14 juillet : Bédié crève l'abcès.

A l'occasion du défilé du 14 juillet auquel il est invité à Paris, Bédié accorde un entretien au quotidien *Le Monde* avec le journaliste Eric Laurent. Il évoque la double nationalité d'Alassane Ouattara. Voici un extrait de cet entretien :

- HKB : Alassane Ouattara était Burkinabé de son père et il possédait toujours la nationalité du Burkina Faso, il n'avait donc pas à se mêler de nos affaires de succession.

- E.L : Mais il avait pris la nationalité ivoirienne ?

- HKB : Je ne saurais le dire jusqu'à ce que la preuve en soit faite. Le président Houphouët Boigny lui avait offert un passeport diplomatique quand il avait des difficultés avec les autorités du Burkina Faso. Il servait alors à la Banque Centrale. Un passeport diplomatique, vous savez, n'est pas une pièce d'état civil.

- E.L : Il avait été tout de même Premier Ministre et à ce titre chef du Gouvernement ?

- HKB : certes, mais sa mission était terminée. La charge de ministre, fût-ce celle de Premier Ministre n'a pas comme mandat électif une durée fixée d'avance. A tout moment, il peut être mis fin à cette fonction par le Président de la République. Ce n'était pas la première fois que le Président Houphouët-Boigny faisait appel à des compétences techniques extérieures. [...] Alassane Ouattara était allé un jour voir le Président Houphouët-Boigny, en présence d'un témoin, pour lui demander de le prévenir quelques jours à l'avance au cas où il souhaitait mettre fin à ses fonctions, de façon à avoir le temps de faire ses valises. Il ne semblait pas vouloir servir en Côte d'Ivoire après sa mission à la tête du gouvernement. Aussi, lorsque M. Camdessus, Directeur Général du FMI, m'a informé de son intention de l'appeler auprès de lui, je n'y ai vu aucun inconvénient. J'ai répondu : à condition qu'il ne s'occupe pas des dossiers de la Côte d'Ivoire, pour des raisons élémentaires de déontologie en vigueur dans cette institution. […] Alassane Ouattara savait très bien que la mission qui lui avait été confiée exigeait qu'il ne se mêle pas des problèmes politiques d'autant qu'il n'était pas un citoyen Ivoirien. Le Président le lui avait dit et me l'avait confié. Ainsi qu'à de nombreuses personnalités ivoiriennes et étrangères.

- E.L : En quels termes ?

- HKB : En termes très clairs et aussi par des faits très précis. Peu après sa nomination, le Président a demandé à Alassane Ouattara de se rendre dans les capitales voisines pour insister sur l'objectif purement économique de sa mission. La preuve que son action était temporaire, c'est que le Président demandait de conserver son poste vacant à la tête de la Banque Centrale. Pendant deux ans, le poste fut maintenu ouvert et son occupant Charles Konan Banny n'agissait que comme intérimaire.

En tout état de cause, même si le moment choisi par Henri Konan Bédié pour en parler répond à un plan bien ficelé qui consiste à traquer Alassane Ouattara et l'éloigner du terrain politique de Côte d'Ivoire, il n'en demeure pas moins vrai que beaucoup de preuves existent qui établissent la nationalité Burkinabé de celui-ci. En voici une. (Voir page suivante).

ORGANISATIONS INTERNATIONALES

Allassane D. Ouattara, directeur du Département Afrique du Fmi

Alassane D. Ouattara, ressortissant du Burkina Faso, a été nommé directeur du Département Afrique du Fonds monétaire international (Fmi). Il remplace **Justin B. Zulu**, de nationalité zambienne, qui devient directeur du département des Banques centrales.

M. Ouattara, 42 ans, titulaire d'un doctorat en sciences économiques de l'université de Pennsylvanie, fut économiste au département Afrique du Fonds de 1968 à 1973 avant de devenir chargé de mission à la Banque centrale des Etats de l'Afrique de l'Ouest (Bceao). En 1975, il fut nommé conseiller spécial du gouverneur de la Bceao et assuma en même temps les fonctions de directeur des Etudes jusqu'en janvier 1983, lors de sa promotion en tant que sous-gouverneur.

CAMEROUN

Nominations au Fonader

Le conseil d'administration du Fonds national de développement rural (Fona-Der) réuni en sa 20e session ordinaire le 17 octobre à Yaoundé, sous la présidence de Sadou Hayatou, ministre de l'Agriculture et président du Conseil, a décidé les nominations suivantes :

— directeur des Affaires générales : Hamadou Bakary ;
— directeur du Crédit : Ndeh John Begheni ;
— directeur des Programmes : Ebobo Pierre ;
— directeur des Etudes et Opérations : Molu Richard ;
— homologue à l'Inspecteur général : Essama Embolo ;
— directeur adjoint des Finances et de la Comptabilité : Avebe Nkotto Théodore Roger.

66 □ AFRIQUE AGRICULTURE N° 112 · DÉCEMBRE 1984

8 décembre : Apparition du code électoral anti Ouattara.

Par une très large majorité (109 voix contre 13), l'Assemblée Nationale procède au vote de la loi sur le code électoral. Naturellement ce nouveau code électoral apparait plus restrictif que le précédent. Le texte comporte 139 articles et les principales innovations concernent le droit de vote et les conditions d'éligibilité. Désormais, les candidats à l'élection présidentielle doivent être *« ivoiriens de naissance »*, *« nés de père et de mère eux-mêmes ivoiriens de naissance »*. Ils doivent avoir résidé dans le pays de façon continue pendant les cinq années précédant la date de l'élection et n'avoir jamais renoncé à la nationalité ivoirienne.

1995

OUATTARA PRÉPARE SON RETOUR SUR LA SCÈNE POLITIQUE IVOIRIENNE

13 janvier : Ouattara adhère au RDR.
Déterminé à revenir sur la scène politique pour défier son ennemi juré Bédié, Ouattara n'a pas d'autres choix que de s'affilier à un parti politique. Il choisit naturellement le RDR, parti des frustrés du PDCI et qui eux aussi, ont une dent contre Bédié. Seulement, les cadres fondateurs du RDR qui accueillent Ouattara les bras ouverts et avec ferveur ne savent pas que ce nouvel adhérent n'a pas du tout l'intention de rester un simple militant. Il vise le sommet pour la simple raison que c'est dans cette position qu'il pourra affronter directement son rival Bédié.

5 avril : Création du Front Républicain : première coalition anti Bédié.

Mettre en échec le PDCI et Bédié aux élections législatives et à la présidentielle de fin 1995 est un objectif politique qui trouve bonne écoute auprès du FPI parti de Laurent Gbagbo et du RDR, parti de Djéni Kobina. Ces deux organisations politiques décident d'unir leurs forces au sein de ce qu'ils appellent le Front Républicain.

Septembre/Octobre : Le Front Républicain dans les rues contre le code électoral.

Plusieurs manifestations de protestation ont lieu à Abidjan et dans tout le pays contre le code électoral. Face aux refus de Bédié de revenir sur la loi électorale, le Front

Républicain et l'ensemble des partis de l'opposition appellent au *« boycott actif »* des prochaines élections.

22 octobre : Bédié mate le Front Républicain.

Le boycott actif du Front Républicain est maté par les forces de l'ordre. L'élection présidentielle a lieu et Bédié se fait élire président avec 96,44 % des voix contre Francis Wodié du Parti Ivoirien des Travailleurs son seul adversaire.

26 novembre : Elections législatives : Djéni Kobina est la première victime du code électoral.

A ces élections législatives, plusieurs candidatures sont rejetées dont celle de Djéni Kobina en raison de la nationalité. Le PDCI part en roue libre et s'octroie une majorité confortable à l'Assemblée Nationale.

1996

LE DÉBUT DES GRANDES SUSPICIONS

10 août : Bédié entame la chasse aux sorcières.

Le remaniement ministériel auquel Bédié procède est marqué par l'éviction du général Guéi, ministre des sports dans le gouvernement. Quatre jours après, il est encore révoqué de l'armée, placé en résidence surveillée et interrogé sur son rôle éventuel dans une tentative présumée de coup d'Etat à la veille des élections présidentielles de 1995.

1998

DURCISSEMENT DU DISPOSITIF LÉGAL ANTI OUATTARA

2 juillet : Révision de la Constitution.
Malgré la désapprobation de l'opposition qui refuse de participer au vote, Henri Konan Bédié fait adopter par l'Assemblée Nationale une révision de la Constitution. Cette révision qualifiée de « *coup d'Etat institutionnel* » par l'opposition prolonge la durée du mandat ainsi que les pouvoirs du chef de l'Etat.

16 octobre : Décrispation du climat politique.
Henri Konan Bédié signe un accord avec Laurent Gbagbo leader de l'opposition. Cet accord porte entre autres sur l'amnistie pour les prisonniers du boycott actif de 1995, la clarification et la transparence du processus électoral et l'accès aux médias.

19 octobre : Mort de Djéni Kobina.
Djéni Kobina était Asthmatique. Il a été retrouvé mort sur son lit avec son téléphone portable en main. Mais rien n'indique qu'il est mort de cette maladie. Bien au contraire, les causes de sa mort restent encore non élucidées jusqu'à ce jour. Un témoignage du député indépendant Mamadou Ben Soumahoro élucide les circonstances de cette disparition. Selon lui, Djeni Kobina était déjà la cible d'une conspiration interne au RDR. Et il avait très peu de chance pour échapper au rouleau compresseur qui se mettait en marche. Il explique : *« A*

l'évidence, Djeni Kobina s'était trompé en se réclamant d'Alassane Dramane Ouattara. Tous ceux qui n'étaient ni dioulas, ni musulmans et qui avaient participé à la fondation du RDR ont dû claquer la porte du parti par ce qu'ils ne s'y sentaient plus à l'aise. Des comités tribalistes de sages se réunissaient dans les sous-sols de résidences luxueuses à la Riviéra Golf pour renforcer cette tendance régionaliste sous la férule du frère ainé d'Alassane Dramane Ouattara, Gaoussou Ouattara. Un soir, je suis convoqué à la résidence de mon beau cousin l'ingénieur Lassina Konaté pour m'entendre dire des choses absolument choquantes et inacceptables. Il y avait là, Gaoussou Ouattara, le professeur Samba Diarra, le vieux Samassi de la zone 4, le doyen Birahim Ouattara, Issa Bamba, j'en passe. Je me suis rendu compte par la suite que j'étais le sujet de la réunion par procuration, le principal intéressé Djeni Kobina n'ayant pas été invité. Je me suis laissé dire des choses simples qui ne laissaient de place à aucune interprétation : ''Djeni est entrain de vendre le parti et la lutte à Bédié. Adama Coulibaly Champion nous a lâchés pour un poste de ministre chez Bédié, nous ne voulons pas nous laisser surprendre par Djéni. Nous avons décidé de prendre les devants et de confier le parti à l'un des nôtres. Cette réunion est une réunion restreinte. Nous avons besoin de ta discrétion et de ton soutien''. De la même manière qu'ils m'avaient convoqués, j'étais sûr de ne pas être le seul à subir leurs pressions. Ma réponse était aussi simple mais plus directe que leur propos séditieux : ''Non seulement je ne serai pas discret mais je rendrai compte à Djéni parce que je sais pourquoi il a accepté l'invitation d'Ahoua N'Guetta à se rendre à l'appel de Bédié.'' Djeni en allant à Daoukro n'avait l'intention de négocier ni de marchander quoi que ce soit. Il n'attendait rien de cette visite, ni n'avait l'intention d'échanger quoi que ce soit et ces vieillards soit disant ''sages'' le savaient parfaitement. Le problème était ailleurs. Djeni Kobina à la tête du parti alors qu'il n'était pas un homme du Nord, cela faisait désordre à leurs yeux. Et l'ordre venait forcément d'Alassane Dramane Ouattara pour la simple et bonne raison qu'aucun de ces ''vieux sages'' ne pouvait participer à une réunion de cette nature sans l'informer. Ceci expliquant cela, Djeni Kobina a vite fait de comprendre qu'Alassane Dramane Ouattara lui-même souhaitait son départ de la tête du parti. Sa déprime a alors pris des allures monumentales, sa déception l'a rongé a un point tel qu'il s'est confié à un jeune cadre Nordiste du RDR avec lequel il avait une grande affinité de jumeaux en des termes plus que désabusés : ''Je suis fatigué et j'attends Alassane pour lui remettre sa chose''. Deux semaines plus tard Djéni Kobina est trouvé mort au petit matin dans la chambre de son appartement de la Riviéra Golf, avec son portable à la main. La police qui a effectué le constat du décès au niveau le plus élevé de sa hiérarchie a emporté l'objet précieux. A qui la police a-t-elle remis le portable ? À qui Djéni parlait quand il est mort ou à qui voulait-il parler ? Qui a empêché que le contenu du portable soit révélé au public ? Qui avait quelque chose à cacher ? » Un élément important qu'il faut noter de ce témoignage, est que Alassane Ouattara était donc l'instigateur de la création du RDR et que Djéni Kobina n'en était que le leader provisoire. C'est peut être pour cette raison que le poste de président du parti était resté vacant, Djéni Kobina n'étant que le premier responsable en qualité de secrétaire général. Mamadou Ben Soumahoro, http://www.ladepechedabidjan.info/crimes-et-mensonges-d-alassane-dramane-ouattara-et-de-dominique-nouvian-follouroux_a8890.html).

23 décembre : Vote de la loi sur le foncier rural.

C'est la loi n° 98750 du 23 décembre 1998. L'une des principales dispositions est celle qui exclut les non ivoiriens de la propriété foncière rurale. Cette disposition est perçue comme le volet rural de l'ivoirité.

1999

L'ANNÉE OÙ LES ARMES ONT PRIS LA PAROLE DANS LE DÉBAT POLITIQUE

29 juillet : Le retour en Côte d'Ivoire de Ouattara. Alassane Ouattara rentre en Côte d'Ivoire et le 1er août se fait élire président du RDR au cours d'un congrès extraordinaire. Des informations de sources fiables font état de ce que Charles Blé Goudé aurait été aperçu à ce congrès, habillé, soutient la source, en boubou vert. Alors qu'il était emprisonné par le pouvoir Bédié, Blé Goudé avait reçu des soutiens concrets de la part du RDR et notamment de la part d'Alassane Ouattara. Le Professeur Bamba Moriféré, un proche Ouattara était celui qui faisait la navette entre la rue Lepic (siège du RDR) et la MACA (Maison d'Arrêt et de Correction d'Abidjan) pour apporter des aides matérielles et financières au leader étudiant. Le parti d'Alassane Ouattara s'attendait donc à compter Blé Goudé parmi ses nouveaux militants dès que celui-ci aurait fini son mandat à la tête de la FESCI. C'est certainement en prémices de cette adhésion que Blé a fait cette apparition à ce congrès.

28 septembre : Ouattara décroche un certificat de nationalité.

A Dimbokro, le juge Zoro Bi Ballo délivre un certificat de nationalité ivoirienne à Alassane Ouattara. La délivrance de ce document provoque un tolet national. Le Magistrat soutient qu'il ne pouvait que délivrer ce document à un demandeur qui a fourni les documents requis, c'est-à-dire son extrait de naissance et la pièce de sa mère. Sa signature sera tout de suite remise en cause par le Ministre de l'intérieur Emile Constant Bombet. Sur les antennes de la télévision nationale, celui-ci annonce des irrégularités flagrantes dans la délivrance du certificat de nationalité : *« il a signé un document administratif un dimanche, jour non ouvrable »* avait dit à l'époque le Ministre Bombet.

6 octobre : Retrait de la nationalité de Ouattara.

Alassane Ouattara se voit retirer la nationalité ivoirienne à la suite d'un procès en annulation de son certificat de nationalité au tribunal de Dimbokro.

29 octobre : Bédié emprisonne la Direction du RDR.

A la suite d'une violente manifestation, les principaux responsables du RDR dont la secrétaire général Henri Dagri Diabaté sont arrêtés puis condamnés à des peines de prison ferme en application de la « loi anticasseurs ».

29 novembre : Mandat d'arrêt international contre Ouattara.

Alors qu'il séjourne en France, Ouattara fait l'objet d'un mandat d'arrêt international pour *« faux commis dans des documents administratifs, usage de faux et complicité ».*

22 décembre : Discours du Président Henri Konan Bédié à l'Assemblée Nationale.

Ce discours qui sera son dernier en tant que Chef de l'Etat est retentissant à cause de son caractère jugé trop heurté à l'encontre du peuple dans un contexte sociopolitique où la pauvreté alimente la grogne sociale aussi grandissante que sournoise. Dans les intervalles de ce discours, il rudoie les étudiants qu'il accuse de se plaindre de leur situation sociale *« alors qu'ils roulent carrosse »*. Il n'épargne pas non plus sa cible principale Alassane Dramane Ouattara dont il commente les ambitions de candidature à la présidentielle en ces termes : *« ...c'est ce lien fort entre nationalité et citoyenneté qui fonde la souveraineté et l'indépendance de la Nation. Aujourd'hui, cette souveraineté et cette indépendance sont grossièrement mises en cause par des personnes et des organisations qui s'arrogent le droit de décider ce qui est bon pour les ivoiriens. Nos ainés n'ont pas lutté pour l'indépendance pour que nous acceptions aujourd'hui de nouvelles soumissions. La nationalité, la citoyenneté, la démocratie et la souveraineté nationale sont les quatre côtés d'un carré magique qu'il nous faut défendre avec calme et détermination devant ces ingérences inacceptables. C'est aux ivoiriens de décider par eux-mêmes, pour eux-mêmes, et de choisir librement l'un d'eux pour conduire le destin de la nation en refusant les aventures hasardeuses et l'imposture insupportable »*.

24 décembre : Coup d'Etat militaire, Le Général Guéi prend le pouvoir.

C'est le premier coup d'Etat de l'histoire de la Côte d'Ivoire. A l'origine de ce coup d'Etat, une mutinerie de certains soldats qui réclament le paiement de leurs primes de mission en Centrafrique. Le Président Henri Konan Bédié est destitué, toutes les institutions de la république dissoutes et le Comité National de Salut Public (CNSP) prend le contrôle des affaires publiques sous la direction du Général Robert Guéi. Henri Konan Bédié part en exil.

29 décembre : Retour en Côte d'Ivoire de Ouattara.

Ouattara rentre de son exil. Juste avant son retour, les poursuites judiciaires contre lui sont levées.

2000

L'ANNÉE DU « ET » ET DU « OU »

4 janvier : Formation du Gouvernement de réconciliation nationale.

La formation de ce premier Gouvernement suscite des tensions entre le Front Populaire Ivoirien (FPI) parti de Laurent Gbagbo, le Rassemblement Des Républicains (RDR) parti d'Alassane Ouattara et le Général Robert Guéi ; le FPI accusant le chef de la junte au pouvoir de faire la part belle au RDR. *« C'est un gouvernement RDR ; Si ce coup d'Etat est un coup d'Etat du RDR, qu'on nous le dise »*, déclara Laurent GBAGBO.

21 janvier : Création de la CCCE.

C'est la Commission Consultative Constitutionnelle et Electorale. Elle est chargée de préparer le nouveau cadre et les nouvelles règles du jeu politique ivoirien.

31 mai : Ouattara appelle à voter « oui » pour la nouvelle constitution.

Le gouvernement s'apprête à convier le peuple ivoirien à un référendum. Il s'agit pour le peuple de se prononcer sur la nouvelle constitution. Ouattara appelle à voter « oui » pour cette constitution. Toutefois, il relativise en déclarant que cette constitution *" renferme certaines ambiguïtés et incohérences concernant les conditions d'éligibilité du président de la République "*. En fait, les inquiétudes de Ouattara sont relatives à l'article 35 de la constitution qui dispose : *« le candidat à l'élection présidentielle doit être ivoirien de naissance, né de père et de mère eux-mêmes ivoiriens et ne doit jamais s'être prévalu d'une autre nationalité ».*

23 juillet : Vote de la nouvelle Constitution.

Les ivoiriens se prononcent au référendum et le vote du « oui » l'emporte sur le « non » avec 86% des suffrages exprimés. Une nouvelle Constitution est adoptée. Le RDR n'agrée pas ses deux dispositions qui épinglent son leader Alassane Ouattara mais il appelle quand même à voter « oui » de peur de ne pas subir un cinglant désaveu de la part du peuple. La Côte d'Ivoire rentre dans la deuxième république.

Nuit du 17 au 18 septembre : le complot du cheval blanc.

La résidence privée du général Gueï est attaquée par des soldats de sa garde. Deux militaires loyalistes sont tués et 15 assaillants arrêtés. Les numéros 2 et 3 de la junte, les généraux Lassana Palenfo et Abdoulaye Coulibaly, sont limogés puis accusés d'avoir commandité l'attaque. Ils trouvent refuge à l'ambassade du Nigeria à Abidjan. Parmi les militaires arrêtés, des membres de la "Cosa Nostra" (une unité de l'armée) comme le sergent Chérif Ousmane, le caporal Oumar Diarrasouba alias "Zaga-Zaga", le sergent-chef Souleymane Diomandé alias "La Grenade", le sergent Ouattara Issiaka alias "Wattao". Ils seront sévèrement torturés à la poudrière d'Akouédo. Souleymane Diomandé y laissera la vie, Wattao en ressortira avec une jambe en miette, Chérif Ousmane quelques dents arrachées. On retrouvera tout ce groupe à la tête de la tentative de coup d'Etat contre Gbagbo en septembre 2002. Lors de l'attaque de la résidence de Gueï, son cheval blanc fut tué, d'où le nom de *« complot du cheval blanc »*.

22 octobre : Election Présidentielle.

Les candidatures d'Henri Konan Bédié (PDCI) et d'Alassane Ouattara sont rejetées. Le premier pour *« moralité douteuse »* et le second pour *« nationalité douteuse »*. A l'issue du scrutin, Robert Guéi se déclare vainqueur. Laurent Gbagbo, en tête des résultats provisoires se déclare chef de l'Etat. De graves émeutes éclatent et de très nombreux manifestants réclament le départ des putschistes. M. Ouattara, exclu de cette élection, réclame de nouvelles élections. Mais la pression de la rue est trop forte, Robert Guéi cède le pouvoir et se réfugie dans son village. Laurent Gbagbo est déclaré par la Cour suprême vainqueur avec 59, 36 % des voix devant Robert Guéï 32,7 %, Francis Wodié 5,7 %, Mel Théodore 1,5 % et Nicolas Dioulo 0,8 %. Laurent Gbagbo devient président de la 2ème République de Côte d'Ivoire.

26 octobre : Prestation de serment de Laurent Gbagbo.

Laurent Gbagbo prête serment devant le Conseil Constitutionnel au terme d'une journée marquée par des affrontements entre ses partisans et ceux du RDR d'Alassane Ouattara. Le RDR qualifie *« d'illégitime »* cette élection et réclame un nouveau scrutin *« avec la participation de tous les candidats »*. Le parti avait ensuite appelé ses militants à sortir pour *« aller chercher le pouvoir dans la rue »* alors même que la candidature de son mentor n'avait pas été retenue.

2001

L'ANNÉE DES PREMIERS SIGNES D'INSTABILITÉ DE LA DEUXIÈME RÉPUBLIQUE

Nuit du 7 au 8 septembre : le complot de la Mercédès noire.

Deux mois après son élection, Gbagbo subit, à son tour, une tentative de putsch. C'est le complot dit de la *« Mercedes noire »*. Le bilan fait état de 15 morts. Selon des informations de sources concordantes soutenues par des aveux crédibles, le Général Ibrahima Coulibaly dit IB était l'occupant de cette Mercédès.

Du 9 octobre au 10 décembre : Forum pour la réconciliation nationale.

C'est l'ancien Premier Ministre Seydou Diarra qui préside le Forum. Selon lui, Le Forum *« est une instance qui doit permettre aux Ivoiriens et aux Ivoiriennes de se retrouver, de s'écouter, de s'entendre, de réfléchir calmement et objectivement et de rechercher les voies et moyens pour sortir de l'impasse de l'enlisement de la Nation »*. Pour le RDR, *« il n'y aura pas de réconciliation nationale sans la réhabilitation d'Alassane Ouattara »* déclaré inéligible à la présidentielle et aux législatives de l'an 2000 pour nationalité douteuse. A cette condition qui en est une parmi tant d'autres, le directoire du forum fait deux recommandations contradictoires. D'abord, celui-ci propose *«Au nom de la Nation, au vue des documents qui lui ont été présentés »,* que les *« autorités judiciaires compétentes délivrent à monsieur Ouattara un certificat de nationalité conformément aux lois et règlements en vigueur* ». Ensuite, il recommande *« le maintien de la Constitution en l'Etat ».* C'est le signe que le Forum de la réconciliation nationale aura été le rendez-vous de l'hypocrisie nationale.

2002

LA NAISSANCE DE LA RÉBELLION IVOIRIENNE

19 septembre 2002 : d'une tentative de coup d'Etat à une rébellion.
Début de l'insurrection dans le Nord de la Côte d'Ivoire. Dans la nuit, plusieurs points stratégiques de la capitale Abidjan sont simultanément attaqués : le camp d'Agban, le camp d'Akouedo etc. Dans la foulée, le Ministre de la sécurité intérieure Emile Boga Doudou et l'ex-Chef d'Etat Robert Guéi sont assassinés. Dans les jours qui suivent, une zone coupant le pays en deux est établie par les militaires français, c'est la Zone de confiance. La tentative de coup d'Etat échoue et les insurgés se retranchent à Bouaké, ville à partir de laquelle ils occupent la moitié nord du pays. C'est la naissance de la rébellion. Le sud du pays reste sous contrôle de gouvernement ivoirien.

28 septembre : Abidjan demande l'application Des accords de défense de 1961.
Ces accords qui ont été passés avec la France et qui stipulent l'intervention de l'armée française en cas d'une attaque contre la Côte d'Ivoire. La France refuse d'activer ces accords prétextant qu'il s'agit d'une affaire *« ivoiro-ivoirienne »*.

6 octobre : le MPCI exécute une soixantaine de gendarmes et une trentaine d'enfants à Bouaké.

Dans un rapport en date du jeudi 3 février 2003, Amnesty International raconte les circonstances de l'exécution de ces gendarmes et de leurs familles. « *Une soixantaine de gendarmes accompagnés d'une cinquantaine de leurs enfants et de quelques autres civils ont été arrêtés dans leur caserne par des éléments armés du Mouvement patriotique de Côte d'Ivoire (MPCI) qui avaient pris le contrôle de la deuxième ville du pays depuis le 19 septembre 2002. Ces personnes ont été conduites à la prison du camp militaire du 3e bataillon d'infanterie. Ce même soir, des éléments armés du MPCI sont entrés à plusieurs reprises dans la prison et ont tiré en rafales, tuant et blessant des dizaines de détenus. Les survivants sont restés deux jours avec les blessés et les cadavres en décomposition sans recevoir de nourriture. Certains ont été contraints de transporter les cadavres et de les enterrer dans des fosses collectives et une dizaine d'entre eux ont très vraisemblablement été tués sur les lieux mêmes du charnier après qu'ils eurent enterré leurs camarades », précise le rapport*. Un gendarme raconte :

- « *Le dimanche 6 octobre, entre midi et treize heures, nous étions en train de nous préparer pour le repas, lorsque la caserne a été encerclée et les ' rebelles' nous ont demandé de sortir. Ils tiraient tout autour de la caserne. Ils ont demandé à tous les hommes de sortir et nous sommes sortis avec nos garçons et les civils qui se trouvaient avec nous. Les femmes sont restées dans la caserne et je crois qu'elles n'ont pas été molestées. Les ' rebelles' nous ont dit qu'ils - --avaient appris que des agents de renseignement d'Abidjan seraient parmi nous et qu'ils voulaient vérifier cela. Certains nous ont accusés d'être des combattants envoyés par Abidjan. On nous a donc conduits au camp militaire ».*

La centaine d'hommes arrêtés et désarmés ont été conduits au camp militaire du 3e bataillon d'infanterie distant d'à peu près 7 kilomètres. Certains détenus ont été emmenés à bord de véhicules, d'autres ont dû faire le trajet à pied. Parmi ceux-ci, l'un d'eux a raconté à la délégation d'Amnesty International : « *Nous avons dû marcher durant plus d'une heure sous les huées de la population. Vers la préfecture de police, il y avait un attroupement qui criait : « Egorgez-les !, tuez-les ! Des gens nous ont aussi jeté des cailloux et nous ont frappés.* »

Des gendarmes livrés à la vindicte populaire dans les rues de Bouaké le 6 octobre 2002.

Fraternité Matin / Lundi 14 avril 2003

Les rebelles interrogeant un soldat loyaliste le 6 octobre à Bouaké.
(PHOTOS : GEORGES GOBET AFP)

Une fois arrivés au camp militaire, certains détenus ont été jetés dans la prison de ce camp quand d'autres ont été contraints de s'asseoir par terre dans la cour vu l'exigüité de la cellule. (Voire le schéma suivant).

<u>Schéma de la prison militaire de Bouaké où ont été détenus les gendarmes :</u>

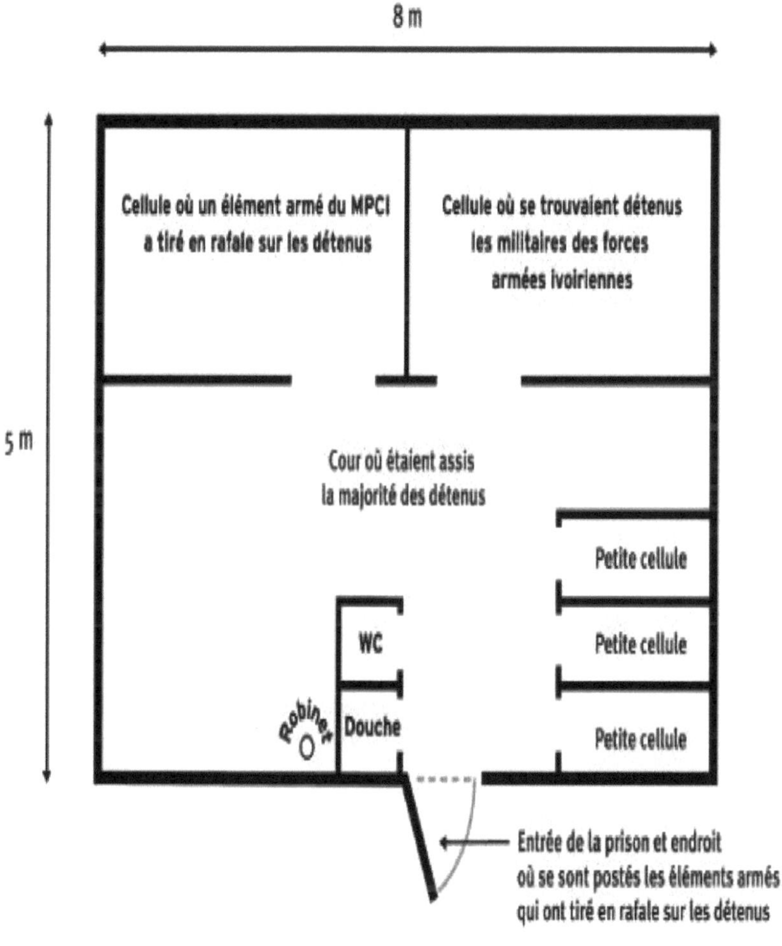

Les massacres ont été précédés d'une certaine torture morale à travers des menaces de morts clairement formulées par les éléments du MPCI. Des gendarmes interrogés par Amnesty international racontent : « *A plusieurs reprises, des hommes armés sont entrés dans la prison pour nous regarder et l'un d'eux nous a dit : « Souvenez-vous du Cheval Blanc*[i] *, de la Mercedes noire*[ii]*, de Yopougon, moi j'ai été contraint de partir en exil, vous allez tous mourir »*. Un autre est venu plus tard et nous a dit *: « Rappelez-vous de Yopougon, maintenant ce sera votre tour. Ce qui doit arriver, arrivera* ».

Ainsi, vers 20 heures, deux hommes armés dont un Dozo (chasseur traditionnel de Nord de la Côte d'Ivoire) et un autre en tenue militaire sont rentrés dans la prison. Les témoignages concordant d'Amnesty International raconte : « *Ils sont restés sur le seuil de la porte d'entrée et nous ont lancé des menaces agressives. Puis soudain, contre toute attente, le Dozo a envoyé une rafale de kalachnikov touchant tous ceux qui étaient devant lui. Certains détenus étaient assis, d'autres couchés par terre, beaucoup ont été touchés. J'ai pu en réchapper parce que j'étais adossé au robinet qui se trouve près des WC, dans le coin gauche de la prison* [voir dessin plus haut], *j'étais donc hors de portée des tirs. Puis ils ont fermé la porte et sont repartis* ».

Convaincus qu'ils allaient revenir, les autres détenus cherchèrent désespérément une cachette dans ce petit espace clos. Effectivement, d'autres soldats sont revenus et sont rentrés dans la prison. Un rescapé raconte : « *Je me suis caché dans une des cellules du fond, d'autres plus agiles sont montés sous la toiture. Une demi-heure plus tard, des hommes armés sont entrés et ont continué à tirer de manière aveugle sur nous. J'ai entendu des enfants qui criaient : 'Nous ne sommes pas gendarmes, ne nous tuez pas !'* »

Vers 22 heures, un troisième groupe est entré et l'un des hommes a crié : « *Tuez-les tous* ». Alors l'un des membres du groupe est entré dans l'enceinte de la prison en enjambant les corps des personnes tuées et blessées qui gisaient dans la cour. La suite est racontée par l'un des rescapé : « *J'étais caché dans la cellule de gauche et le mur nous protégeait des tirs mais l'un des 'mutins' s'est approché de nous et a jeté un coup d'œil dans notre cellule en disant : 'Putain, ils sont encore beaucoup ici'. Il a arrosé la chambre de balles, puis il a pris un autre chargeur et a tiré sans distinction. Quand il est parti, je me suis grimé de sang et je me suis caché sous un cadavre pour me protéger.* »

Selon les survivants, ces trois vagues successives de tirs ont tué une quarantaine de gendarmes, une trentaine de leurs enfants et 5 civils arrêtés avec eux dont un instituteur et un vendeur travaillant dans la pharmacie *« des 18 logements* » à Bouaké.

L'un des gendarmes a perdu ses trois fils. Voici son témoignage : « *J'ai été arrêté avec trois de mes enfants, l'un âgé de vingt et un an, a été tué sur le coup le dimanche soir. Mes deux autres fils, âgés de dix-neuf ans et de vingt trois ans, ont été blessés. Je suis resté à côté d'eux tout le lundi mais ils sont morts ce jour-là des suites de leurs blessures ».*

Dans la nuit du 8 au 9 octobre, sept autres survivants sont décédés. Les personnes choisies pour aller les enterrer quelque part ne sont pas revenues à la prison ; elles ont été probablement tuées après l'enterrement. « *Ils ont choisi les plus costauds, notamment Séry Sogor, Doua Gbongue, Brou Koffi Raymond et Obo Boni pour emmener ces cadavres. Ils ont aussi emmené trois blessés sous prétexte qu'ils n'avaient pas de médicaments. Aucun d'eux n'est revenu.* »

Parmi ces trois blessés emmenés figurait Alain Messolo, un des fils de l'Adjudant chef Dosso Messolo. Ce dernier, qui avait déjà vu mourir sous ses yeux un fils, prénommé Ladji, le dimanche 6 octobre, n'a pas voulu laisser partir son fils, Alain, tout seul et a insisté pour l'accompagner. Personne ne les a plus jamais revus.

Quelques jours plus tard, les vingt-six enfants de gendarmes qui avaient survécu au massacre et un gendarme ont été libérés. Mais ces libérations n'ont pas mis un terme aux exécutions sommaires. En effet, le 14 novembre 2002, deux gendarmes, l'adjudant Vléi Déhé Paul et le maréchal des logis chef, Koué Bi Zanli, ont été extraits de leur cellule en compagnie d'un membre du MPCI, nommé Sékou, qui avait apparemment été sanctionné pour une raison inconnue. L'un des gendarmes survivants a confié à Amnesty International : « *Ces trois personnes ne sont jamais revenues. On a demandé plus tard à des détenus d'aller les ensevelir. Alors la peur est revenue parmi nous, nous avons compris que rien n'était fini.* »

ANNEXE 1 :
LISTE NON EXHAUSTIVE DES VICTIMES DU MASSACRE DE BOUAKÉ

GENDARMES

	Titre	Nom	Prénom	Ethnie
1.	Mdl/c	ACHI (AUDI)	AUDY (ACHI)	Attié
2.	Mdl	ADÉ	CAMILLE	Attié
3.	Adjt/c	ADOU *	KOFFI	Anyi
4.	A/c	ANGATÉ ALLA	MARTIN	Anyi
5.	Mdl	ASSANDE	AMAN	Anyi
6.	A/c	BAH *	BONFILS	Guéré
7.	Mdl	BILÉ	NOGBOU	Anyi
8.	Mdl	BLÉ SÉRY	LOUIS	Bété
9.	Adjt	BROU *	KOFFI RAYMOND	Baoulé
10.	Mdl/c	CISSÉ	MAMADOU	Dioula
11.	Mdl	COULIBALY	NAMALA	Tagwana
12.	Mdl	DIA BI	KOUASSI	Gouro
13.	Mdl/c	DJAKI (DJATCHI)	DALY	Bété
14.	Lt.cl	DJAMA IBO	PIERRE	Mbati
15.	Adjt	DOUA	GBONGUÉ	Yacouba
16.	Mdl	ESMEL		
17.	Mdl	GBORO GAKPA	HERVÉ	Yacouba
18.	Mdl	GNAGNE	ALAIN	Adioukrou
19.	Mdl	GOHORE BI		
20.	Mdl/c	GOHOUN (GOHOU)	B MOMBONHIN	Guéré
21.	Mdl	GORE BI	ZORO	Gouro
22.	A/c	GOSSÉ (GOUESSÉ)	COULIBALY	Yacouba
23.	Mdl/c	KAFOUMBA	KÉITA	Dioula
24.	Mdl/c	KANHOU BI (KAHON)	BÉNIÉ	Gouro
25.	Mdl/c	KAPIÉ	KONÉ	Sénoufo
26.	A/c	KOLÉA	ZADI	Bété
27.	Mdl/c	KONAN	YAO N.1	Baoulé
28.	Mdl	KOUAKOU	JEAN LOUIS	Baoulé
29.	Mdl	KOUAMÉ	FAUSTIN JUNIOR	Baoulé
30.	Mdl	KOUASSI	JEAN LOUIS	
31.	Mdl/c	KOUÉ BI	ZANLY	Gouro
32.	Adj	KOUI	KADO	
33.	Mdl	KOUMAN		
34.	Adjt	KUIKADO	JEAN	Yacouba
35.	Mdl	LIKPEU	BABO	Bété

36.	Mdl	LOESS	ESSOH	Adioukrou
37.	Mdl	MANZAN	KOUAHO	Anyi
38.	A/c	MESSOLO *	DOSSO	Dioula
39.	Mdl/c	N'CHO N'GUESSAN	LUCIEN	
40.	Adjt	N'DRI	KONAN	Baoulé
41.	Mdl	NÉNÉ BI	GOHA	Gouro
42.	Adjt	OBO *	BONI	Mbati
43.	Mdl	OKOHI	JÉRÔME	Bété
44.	Mdl/c	OKOU	GBALÉ	Dida
45.	Mdl/c	OUATTARA	KÉGBÉNIARÉ	Sénoufo
46.	Mdl/c	OUSSOU	TANOU	Baoulé
47.	Mdl/c	POHI	SENAYÉ	Ouébé
48.	Adjt	SERY *	NESTOR	Bété
49.	Mdl	SOUMAHORO	LOU	Dioula
50.	Mdl/c	TOBO	MICHEL (GOMUN)	Yacouba
51.	Adjt	VLÉI DÉHÉ	PAUL	Guéré
52.	A/c	YAPO	ADIKO	Anyi

* Ces personnes sont portées « disparues » depuis le mercredi 9 octobre 2002 lorsqu'elles ont été conduites sur le lieu du charnier, pour enterrer quelques uns de leurs camarades décédés des suites de blessures

Mdl = Maréchal des Logis

Mdl/c = Maréchal des Logis – Chef

Adjt = Adjudant

Adjt/c (A/c) = Adjudant – Chef

Lt.cl = Lieutenant – Colonel

ENFANTS DE GENDARMES

	NOM	PRENOM	AGE	DATE DU DECES
1)	KOLEA	ARMEL		6 octobre 2002
2)	OBO	ADIKO		6 octobre 2002
3)	SAÏRI	THIERRY	23 ans	7 octobre 2002
4)	ZÉZÉ	TOUSSAINT	21 ans	6 octobre 2002
5)	ZÉZÉ	VENANCE	19 ans	7 octobre 2002
6)	ADE	ROMARIC	18 ans	6 octobre 2002
7)	MESSOLO	LADJI	24 ans	6 octobre 2002
8)	MESSOLO*	ALAIN	22 ans	Porté « disparu » depuis le 9 octobre 2002

Lorsque ces massacres se déroulaient, c'est bien Soro Guillaume qui étaient le chef des rebelles du MPCI.

8 octobre : Laurent Gbagbo parle de la montée d'un « sentiment anti-français » et demande aux ivoiriens de *« laisser les Français tranquilles »*.

Cette déclaration intervient au moment où l'opinion accuse la France de soutenir les rebelles et bafouer la souveraineté de la Côte d'Ivoire.

17 octobre : un cessez-le-feu est signé entre le MPCI et le groupe de contact de la CEDEAO.

Ce groupe de contact comprenait le Ghana, la Guinée-Bissau, le Mali, le Niger, le Nigeria et le Togo. Il avait pour but de favoriser le dialogue entre les rebelles et le gouvernement ivoirien et d'examiner les conditions générales d'un règlement pacifique du conflit.

Les pourparlers conduits par le Secrétaire exécutif de la CEDEAO, Mohamed ibn Chambas et par le Président intérimaire de la Commission de l'Union africaine Amara Essy ont connu beaucoup de blocage notamment en raison des hésitations du gouvernement ivoirien qui voyait dans la signature éventuelle d'un cessez-le-feu la légitimation de la rébellion et de la partition du pays. Cependant la CEDEAO multiplie les efforts et finit par convaincre le président Laurent Gbagbo de signer l'accord de cessez-le-feu après les rebelles.

27 novembre : visite du ministre français des Affaires Étrangères Dominique de Villepin.

C'est à Bouaké, dans le fief de la rébellion qu'il atterrit. Des manifestations hostiles ont lieu dans la partie Gouvernementale en réponse à cela. Les pro Gbagbo reprochent au ministre français de commencer une visite en territoire ivoirien par le fief des rebelles ; ils voient en cela une autre preuve de la collusion entre la France et la rébellion ivoirienne.

28 novembre : apparition de deux autres mouvements rebelles dans l'Ouest du pays.

Il s'agit du Mouvement populaire ivoirien du grand ouest (MPIGO) et du Mouvement pour la justice et la paix (MJP) dans l'Ouest de la Côte d'Ivoire. Ces deux mouvements rebelles revendiquent la prise des villes de Man et de Danané. Le MPIGO est fondé par le Sergent Félix Doh de son vrai nom Ndri Saint Clair. Originaire du centre (d'ethnie Baoulé), il prit le pseudonyme de Félix Doh pour se faire passer pour un Yacouba, ethnie de L'Ouest de la Côte d'Ivoire où son mouvement est implanté. Le 25 avril 2003, il est tué dans une embuscade conduite par Shérif Ousmane sur l'axe Danané-Gbinta. Le MJP était dirigé par le Commandant Déli Gaspard. A sa naissance, son mouvement comptait 250 combattants parmi lesquels des Dozos (chasseurs traditionnels).

Décembre : Durant tout le mois de décembre et le début 2003, plusieurs accrochages avec les rebelles dans la Zone de confiance font plusieurs morts dans les rangs de ces derniers et plusieurs blessés au sein de l'armée française.

21 décembre : Exécution de 5 danseuses traditionnelles à Sakassou.

Ce sont 9 personnes dont 5 femmes danseuses traditionnelles Adjanou qui sont fusillées à bout portant. Ces femmes furent enlevées à Sakassou et froidement exécutées à Bouaké devant une foule hystérique.

2003

LE DÉBUT DES POURPARLERS INTERIVOIRIENS

26 janvier : Table ronde de Linas Marcoussis. Sous l'égide de la France un compromis est signé entre les mouvements rebelles, les principaux partis politiques et le pouvoir en présence du secrétaire général des Nations unies Kofi Annan. Cette table ronde est marquée par le départ précipitée de Mamadou Koulibaly qui claque la porte des assises. L'autre représentant du parti au pouvoir Affi Nguessan poursuit les négociations et signe pour le compte du FPI.

4 février : Manifestations anti-françaises à Abidjan. Les partisans de Laurent Gbagbo s'insurgent contre les accords de Linas Marcoussis qu'ils accusent de violer la souveraineté de la Côte d'Ivoire. Le Gouvernement Français est soupçonné de soutenir les rebelles ; d'où les manifestations anti-françaises. Les accords de Linas Marcoussis ainsi que les conditions dans lesquelles ces accords ont été signés révèlent une volonté manifeste de dépouiller le président légal et légitime de la Côte d'Ivoire de ses pouvoirs constitutionnels. Contraint de s'asseoir à la même table de négociation que les rebelles, il doit limoger son 1er Ministre Pascal Affi Nguessan au profit d'un Premier Ministre dit *« de consensus »* (point 3.c), composer un gouvernement *« équitablement »* reparti entre les formations rebelles et certains partis politiques etc.

10 février : Gouvernement d'Union nationale.

Ce gouvernement est composé de 23 portefeuilles ministériels. Il met du temps à démarrer car les ministres issus de la rébellion exigèrent que des garanties de sécurité soient fournies avant leur participation aux activités gouvernementales. Les mêmes conditions de sécurité sont posées par le RDR. Le 1er conseil de ministres tenu le 13 mars à Yamoussoukro a été marqué par l'absence des ministres RDR et les rebelles. Le RDR, dans une lettre adressée au 1er Ministre explique l'absence de ces ministres par le fait que *« de nombreux cadres dont ceux désignés pour faire partie du Gouvernement de réconciliation nationale se trouvent hors du pays compte-tenu des nombreuses tueries et exécutions sommaires »* qui auraient cours.

27 février : Amnesty international accuse le MPCI du massacre à Bouaké, d'une soixantaine de gendarmes et de leurs enfants, le 6 octobre 2002.

17 avril : le gouvernement d'union nationale se réunit.

L'accord ne tient pas, et peu à peu, les ministres rebelles sont marginalisés au sein du gouvernement.

4 juillet : proclamation de la fin de la guerre.

L'annonce de cette fin de guerre est faite conjointement par les Forces de défense et de sécurité et les forces armées de forces nouvelles (forces rebelles).

25 août : tentative de putsch.

Cette énième tentative de coup d'état est l'œuvre du Sergent chef Ibrahim Coulibaly du MPCI. Elle est déjouée par les services secrets français. Le même jour, deux militaires français vers Béoumi (60 km à l'Ouest de

Bouaké) sont tués lors d'une attaque de plusieurs membres incontrôlés des Forces nouvelles (FN).

21 octobre : mort de Jean Hélène.

De son vrai nom Christian Baldensperger correspondant de Radio France international (RFI), est tué par un policier ivoirien : le sergent Dago Seri. Le drame se produit devant la Direction de la sûreté d'Abidjan où le policier est en faction. En janvier 2004, celui-ci est condamné à 17 ans de prison avec *« circonstances atténuantes »*. Incarcéré à la Maison d'Arrêt et de Correction d'Abidjan (MACA), il s'évade à l'occasion de la crise postélectorale. Mais il est arrêté en début d'année 2012 chez son ancien chef de service qu'il fréquentait.

2004

LE DÉBUT DE LA BATAILLE DIPLOMATIQUE

4 janvier : Interpellation de 4 militaires Français. C'est l'armée Française elle-même qui donne l'information. Quatre militaires de l'Opération Licorne sont accusés d'avoir volé, fin septembre 2003, l'équivalent de 58 000 euros dans une succursale de la Banque centrale des États de l'Afrique de l'Ouest (BCEAO) à Bouaké. Ils ont profité du cambriolage réalisé par plusieurs rebelles pour s'emparer d'un sac qui restait.

5 février : Visite de Laurent Gbagbo en France.
A l'issue de cette visite à Paris, le président ivoirien se déclare *« Heureux et comblé »* et que *« tout est au beau fixe »* entre la France et la Côte d'Ivoire.

27 février : l'ONU met en place la mission de paix Opération des Nations unies en Côte d'Ivoire (ONUCI).
Le Conseil de sécurité des Nations Unies adopte la résolution 1528 qui établit l'Opération des Nations Unies en Côte d'Ivoire (ONUCI) pour un an. Le contrôle des forces déployées par la Communauté économique des États de l'Afrique de l'Ouest (CEDEAO) et la MINUCI est transféré à la nouvelle mission : les Nations Unies et la force Licorne, composée de militaires français stationnés dans le pays depuis le début des hostilités en septembre 2002, assurent la coordination.

4 mars : retrait du PDCI du Gouvernement.

Les signataires des accords de Marcoussis soutiennent le PDCI car, disent-ils « *la décision du PDCI n'est que la conséquence des dysfonctionnements fréquents et des blocages persistants dans la mise en œuvre du programme du gouvernement de réconciliation nationale* ». Ensuite, le bloc des marcoussistes constate que plus d'un an après la signature desdits accords, plusieurs difficultés ont été relevées dans la conduite des activités du gouvernement de Seydou Diarra. Entre autres, l'impossibilité pour les ministres autre que ceux du FPI de nommer les collaborateurs et des responsables des structures sous tutelle. Il y aurait aussi, selon eux, l'existence d'un gouvernement parallèle « *affectant de façon inquiétante le bon fonctionnement de certains ministères, notamment ceux de la Justice, de la Défense, de l'Administration du territoire, de la Sécurité et des Affaires étrangères* ».

25 mars : Marche réprimée du G7.

Une marche pacifique organisée pour protester contre le blocage des accords de Marcoussis est réprimée durement par les forces gouvernementales et la gendarmerie ivoirienne (dirigée par Georges Guiai Bi Poin). L'ONU estime le 6 mai que le bilan est d'au moins 120 morts, et 20 disparus. Les Jeunes patriotes occupent eux aussi la rue pendant plusieurs jours, dénoncées par plusieurs rapports d'organismes de défense des droits de l'homme.

27 mars 2004 : **Retrait du Gouvernement par les Forces Nouvelles et les partis d'opposition.**

Ce retrait, soutiennent-ils, est fait en signe de protestation contre le comportement brutal des forces de sécurité et des partisans de M. Gbagbo.

16 avril : Disparition de Guy André Kieffer.

Le journaliste indépendant franco-canadien disparaît mystérieusement à Abidjan. Les soupçons se portent vers des responsables proches du pouvoir. Michel Legré est inculpé fin mai pour enlèvement, séquestration et assassinat. Il met en cause M. Kadet, ancien ministre de la Défense, et conseiller de Laurent Gbagbo ; le pasteur Moïse Koré, « conseiller spirituel » et homme de confiance de Laurent Gbagbo ; et Aubert Zohoré, directeur de cabinet du ministère de l'Économie et des Finances. Aucune de ces personnes n'a répondu aux convocations du juge français, et la justice ivoirienne n'a rien fait pour qu'ils répondent de ces accusations. M. Kadet a porté plainte pour diffamation contre Michel Legré.

Un squelette humain exhumé dans l'Ouest de la Côte d'Ivoire en janvier 2012 et présenté comme celui de Guy André Kieffer a finalement été autopsié et identifié comme n'étant pas celui du journaliste.

7 juin : plusieurs membres incontrôlés des Forces nouvelles (FN), attaquent des positions des forces françaises et ivoiriennes à Gohitafla. On recense 5 morts dans l'armée ivoirienne (Forces armées nationales de Côte d'Ivoire FANCI) et plusieurs blessés dont 2 militaires français. À Abidjan, des civils favorables à Laurent Gbagbo manifestent devant l'ambassade de France, puis commencent une chasse aux Blancs dans la ville. Ces violences sont condamnées par Laurent Gbagbo.

29 et 30 juillet : Sommet de la CEDEAO sur la Côte d'Ivoire à Accra.

Les chefs d'État africains de la CEDEAO, réunis à Accra (Ghana), parviennent à faire signer aux représentants des différents partis de Côte d'Ivoire et au président Gbagbo, les Accords d'Accra III. Ils reprennent les mesures des Accords de Marcoussis, et fixent un calendrier de désarmement des milices paramilitaires et des rebelles.

2 août : l'ONUCI découvre un charnier de 99 cadavres à Korhogo.

Cette ville est contrôlée par les rebelles. Ce charnier est probablement constitué des corps des personnes assassinées par asphyxie dans un conteneur dans lequel elles avaient été enfermées. Ces événements se sont passés lors des affrontements internes entre le clan Soro et le clan Ibrahim Coulibaly. Les personnes enfermées dans le conteneur sont issues du clan Ibrahim Coulibaly.

28 octobre : L'état d'urgence est décrété dans le nord du pays par les Forces Nouvelles.

Cette décision est consécutive à l'annonce faite le 15 octobre par les Forces Nouvelles qui refusent de déposer les armes.

4 novembre : Reprise de la guerre.

À partir du 4 novembre, les FANCI (forces ivoiriennes) bombardent Bouaké et les positions des rebelles. Les forces françaises restent neutres. Au gouvernement dit de réconciliation nationale, les ministres du FPI, le parti de Laurent Gbagbo, sont les seuls à siéger, les autres partis ayant tous abandonné leurs postes. Les journaux qui n'ont pas l'aval du pouvoir présidentiel sont interdits. Jean-Paul Dahily est imposé de force par les militaires à la présidence de la RTI, en remplacement de Kébé Yacouba.

5 novembre : Réunion du gouvernement de réconciliation nationale.

La réunion se tient sans les 28 ministres issus de l'opposition, et sans le premier ministre Seydou Diarra.

6 novembre : Bombardement d'une position française à Bouaké

Selon une certaine version, à 13 heures 05 (heure locale), un Soukhoï Su-25, piloté par un mercenaire biélorusse, effectue deux passages à basse altitude au-dessus de l'école Descartes de Bouaké, qui sert de cantonnement à l'armée française, à

1 500 mètres de la position rebelle la plus proche. La position a été repérée par des drones de fabrication israélienne et télécommandés par les conseillers militaires israéliens en poste à Abidjan. Le chasseur lâche ses roquettes sur le poste de l'armée française, fait 9 morts et 37 blessés et tue également un civil américain appartenant à une ONG. Le général Bentégeat, chef d'état-major de l'armée française, ordonne la destruction des chasseurs. Cet ordre est étendu à l'ensemble des moyens aériens ivoiriens par Jacques Chirac. À 14 heures 20, une section du 2e RIMA met hors-de-combat les deux Soukhoï Su-25 avec des missiles Milan, alors qu'ils sont en train d'être fournis en armes et avitaillés en carburant sur l'aéroport de Yamoussoukro. Un mécanicien est tué. Attaqués par un hélicoptère MI-24, les Marsouins le repoussent par des tirs de mitrailleuse.

Des manifestations hostiles aux Français débutent entre 14 et 15 heures, soit moins d'une heure trente après le bombardement de Bouaké, et avant que l'information de la riposte française soit diffusée par les médias ivoiriens.

À 16 heures, des hommes portant les uniformes des FANCI, sans insignes ni grades et se déplaçant en véhicules 4x4 se positionnent à proximité du cantonnement français de l'aéroport d'Abidjan. Ce positionnement est considéré comme un début d'attaque. Il s'ensuit une contre-offensive des soldats français présents, et la prise de contrôle de l'aéroport. Les forces aériennes ivoiriennes sont alors détruites : un Strikemaster, deux autres Soukhoï Su-25 ainsi que deux hélicoptères MI-24. Les drones israéliens sont saisis. Six des militaires ivoiriens sont morts dans la contre-offensive française. Immédiatement après, la foule envahit l'aérogare, et en commence le pillage, avant d'être repoussée par l'armée française, qui fait usage des armes.

En fin d'après-midi, un raid d'hélicoptères français détruit deux hélicoptères MI-25 et un MI-8 dans l'enceinte du Palais présidentiel de Yamoussoukro.

Des hélicoptères français ont, durant la nuit du 6 au 7, repoussé la foule d'émeutiers par des tirs de semonce et d'arrêt. L'armée française ne compte que 500 hommes à Abidjan, et des renforts sont appelés du centre du pays, des forces pré positionnées au Gabon et de France.

Ces destructions provoquent de violentes manifestations anti-françaises dès l'après-midi du 6, aggravées par la libération de 3 600 prisonniers de la Maison d'arrêt et de correction d'Abidjan (MACA). Actuellement, les responsables de cette libération illégale ne sont pas connus, mais les prisonniers *« évadés »* sont jugés responsables par Laurent Gbagbo des pires crimes commis pendant ces journées à l'encontre des européens. Les manifestants, criminels et délinquants, mais aussi Jeunes patriotes ont pillé les biens des européens de Cocody, saccagé le lycée international Jean Mermoz.

Le jour même, la RTI appelle les Ivoiriens à rejoindre l'hôtel Ivoire pour protester contre des manœuvres suspectes de l'armée française. Les militaires français qui ont fait siège à l'hôtel Ivoire sont assaillis par une foule convoyée par les autobus de la Régie de transport abidjanaise. Des militaires ivoiriens, ainsi que des sympathisants de l'Alliance des jeunes patriotes sont présents. La gendarmerie ivoirienne est vite débordée par les 40 000 manifestants. Les mouvements de foule agacent les soldats Français qui ouvrent le feu sur la foule aux mains nues. Dans la foulée, un médecin de Cocody donne le chiffre de sept morts par balles. Mais le bilan général fait état d'une soixantaine de morts de plusieurs centaines de blessés.

9 novembre : Départ des encadreurs Israéliens.

Les 46 conseillers militaires israéliens, qui géraient un centre de surveillance électronique, et qui ont piloté les drones ayant servi à la reconnaissance avant le bombardement de Bouaké, quittent la Côte d'Ivoire. Ces conseillers militaires étaient présents depuis fin 2002 à Abidjan. Toujours le 9 novembre, le général Amos Yaron, directeur général de la Défense israélienne, promet l'arrêt de l'envoi d'armes à la Côte d'Ivoire.

11 novembre : le cardinal Bernard Agré, archevêque d'Abidjan, affirme avoir vu les 64 morts victimes de la répression française, dont certains décapités, propos qui sont confirmés le 20 par Laurent Gbagbo sur un forum du Nouvel-Observateur.

15 novembre : La résolution 1572 de l'ONU.

Le conseil de sécurité des Nations unies, à la demande de la France, prend à l'unanimité la résolution 1572, interdisant le commerce des armes avec l'une ou l'autre des deux parties belligérantes, rebelles du nord ou forces gouvernementales. Plusieurs pays africains ont rendu plus sévère cette interdiction.

18 novembre : Reprise du Conseil des Ministres.

A cette reprise du conseil des ministres, 23 des 42 ministres sont présents. Le PDCI notamment envoie de nombreux ministres, alors que seuls deux des sept ministres du RDR (parti d'Alassane Ouattara) font le déplacement, officiellement pour « tester les conditions de sécurité ».

20 novembre : Gbagbo accuse.

Sur un forum du Nouvel-Observateur, Laurent Gbagbo confirme les accusations selon lesquelles l'armée française s'est livrée à la décapitation de jeunes Ivoiriens. Le 6 novembre, elle a ouvert le feu sur une foule de manifestants aux mains nues faisant une soixantaine de morts et des centaines de blessés.

23 novembre : Suite à une certaine détente de la situation, les barrages de l'armée française à Abidjan sont levés.

Ces barrages avaient été érigés par l'armée française en vue de contrôler les mouvements de foule et les manœuvres militaires dans la ville d'Abidjan.

1er décembre : Demande d'une enquête parlementaire.

En France, les partis de gauche précédés par la Fédération internationale des droits de l'homme (FIDH) et la Ligue des droits de l'homme (LDH), ont déposé une demande de commission d'enquête parlementaire sur les agissements de l'armée française en Côte d'Ivoire. La FIDH et la LDH ont également demandé à Abidjan de rechercher les responsables des émeutes, en dénonçant la complicité des autorités ivoiriennes.

3 décembre : Référendum sur l’article 35 de la Constitution.

Laurent Gbagbo, après une rencontre avec le président Thabo Mbeki qui s'était proposé comme médiateur, annonce la tenue d'un référendum sur la modification de l'article 35 de la Constitution, projet adopté peu après par l'Assemblée nationale.

6 décembre : Manifestations anti référendum.

Suite à l'annonce du référendum sur l’article 35, des manifestations des Jeunes patriotes ont lieu pour exiger le départ de l'armée française. Laurent Gbagbo interdit toute manifestation à Abidjan jusqu'au 10 mars.

23 décembre : Echec du projet de référendum.

Une minorité de blocage à l'Assemblée nationale a empêché l'adoption d'une loi-cadre portant sur l'organisation des référendums. Cette loi aurait permis la révision de l'article 35 de la Constitution, qui empêche Alassane Ouattara de se présenter à l'élection présidentielle, par voie référendaire, et donc, après une réunification du pays.

2005

L'ANNÉE DES GRANDES TERGIVERSATIONS

15 janvier : Le rendez-vous manqué du désarmement.
A cette date, le désarmement devait être constaté par les forces impartiales. Hélas, le désarmement n'a pas eu lieu.

6 avril: Accord de Pretoria.
Le gouvernement, l'opposition et les représentants des Forces Nouvelles signent l'accord de Pretoria à la suite d'un mini-sommet présidé par M. Mbeki. L'accord réaffirme l'engagement en faveur de la paix, de la tenue d'élections et d'un désarmement général tout en condamnant les violations du cessez-le-feu. Les principaux signataires de l'accord sont : MM. Bédié, Diarra, Gbagbo, Mbéki, Ouattara et Soro.

Août : Démission du médiateur Thabo Mbeki.
Le président Thabo M'beki renonce à sa médiation : bien qu'ayant réussi à maintenir la trêve, il n'a pas réussi à faire avancer le règlement politique de la crise.

21 octobre 2005 : Gbagbo reconduit.
Le Conseil de sécurité des Nations Unies adopte la résolution 1633, qui proroge le mandat de M. Gbagbo pour une période n'excédant pas 12 mois, préconise le choix d'un nouveau Premier ministre acceptable par tous

les partis, l'élaboration d'une feuille de route pour le désarmement et l'organisation d'élections libres et justes.

4 décembre 2005 : **Nomination du nouveau Premier *« accepté de tous »*.**

Ce consensus entre le pouvoir, l'opposition et les rebelles est trouvé sur la personne de Charles Konan Banny, gouverneur de la Banque centrale des États de l'Afrique de l'Ouest (BCEAO). Il est nommé Premier ministre par intérim.

27 décembre : Surenchère des rebelles.

La rébellion ivoirienne des Forces nouvelles (FN) menace de ne pas siéger dans le gouvernement de transition dirigé par Charles Konan Banny si le Front populaire ivoirien (FPI) du président Laurent Gbagbo obtenait les trois ministères des Finances, de la Défense et de la Sécurité.

2006

LA VIOLENCE CONTINUE

2 janvier : Les camps d'Akouedo attaqués.
Les deux camps d'Akouédo, casernes d'infanterie et du bataillon de commandos parachutistes, situés à Abidjan, sont attaqués à l'arme lourde, vers 5h30. Après avoir pris le contrôle du camp, les rebelles sont rapidement repoussés à l'aide de renforts. Le bilan est de trois morts pour les FANCI et de dix morts chez les rebelles.

28 février : premier dialogue inter ivoiriens en territoire ivoirien.
Un sommet extraordinaire réunissant tous les protagonistes de la crise ivoirienne - la première rencontre en terre ivoirienne des principaux leaders depuis le début de la guerre civile, en septembre 2002 - s'est ouvert à Yamoussoukro, la capitale politique du pays, en présence du Président de la République, Laurent Gbagbo, du Premier ministre, Charles Konan Banny, du chef des rebelles, Guillaume Soro, et des dirigeants des deux principaux partis d'opposition, l'ex-Premier ministre Alassane Ouattara et l'ancien chef de l'État Henri Konan Bédié. Cette rencontre suscite de grands espoirs dans la population, qui souhaite que soit trouvée rapidement une issue au conflit.

17 janvier : Manifestations hostiles à l'ONUCI.
Des milliers de partisans de Laurent Gbagbo descendent dans les rues pour protester contre la décision du Groupe de Travail International (GTI) de dissoudre

l'Assemblée Nationale. Kofi Annan, secrétaire général des Nations Unies, déplore *« la campagne de violences orchestrée contre les Nations Unies »* à la suite des attaques menées contre les bâtiments des Nations Unies à Abidjan et ailleurs. Ces manifestations d'hostilité contraignent le GTI à réviser sa décision.

12 juillet 2006 : Affrontements autour des audiences foraines.

Le parti du président Laurent Gbagbo, le Front populaire ivoirien (FPI), appelle au boycott des auditions relatives aux violences qui ont marquées les manifestations des Jeunes Patriotes (groupe de jeunes gens favorables à M. Gbagbo) contre les opérations d'identification. Après plusieurs jours d'affrontements entre pro Gbagbo les jeunes de l'opposition, les leaders de la jeunesse ivoirienne dont Charles Blé Goudé (pour les jeunes patriotes), KKB (pour la jeunesse du PDCI) et Karamoko Yayoro pour la jeunesse du (RDR) signent un accord dit *« accord de Versailles »*. Dans cet accord, chacun des leaders invite ses partisans à arrêter les violences qui avaient cours jusque là.

17 octobre 2006 : Prorogation du mandat de Gbagbo.

L'UA et le Conseil de sécurité des Nations Unies prorogent le mandat de M. Gbagbo d'une année, dans l'espoir que la feuille de route pour la paix soit mise en œuvre pendant cette période.

31 octobre : Les élections présidentielles sont annulées.

2007

L'ANNÉE DU RAPPROCHEMENT ENTRE LE POUVOIR ET LES REBELLES

3 mars : Signature de l'accord de Ouaga.
Le pouvoir et la rébellion signent l'accord politique de Ouagadougou au Burkina Faso. Les principaux signataires de cet accord sont : M. Gbagbo Laurent et M. Soro Guillaume sous la coupole du facilitateur et président du Burkina Faso Blaise Compaoré.

29 juin : Tentative d'assassinat du 1er Ministre.
Le Premier ministre ivoirien Guillaume Soro échappe le 29 juin à un attentat à la roquette lors de l'atterrissage de l'avion qui le transportait à Bouaké. Quatre des membres d'équipage sont décédés et plusieurs autres voyageurs sont grièvement blessés. L'enquête ouverte à cet effet n'a pas encore livré ses conclusions à ce jour. Selon un témoignage de Sémefia Sekou alias Colonel Sékouba, membre de la rébellion et appartenant au fameux Commando Invisible d'Ibrahim Coulibaly, l'ordre de ce coup serait venu d'Alassane Ouattara. Selon lui, Ouattara voulait donner une sévère interpellation à Soro en raison de ses accointances trop poussées avec Laurent Gbagbo. Il déclare aussi que c'est le chef rebelle *« Mobio et ses éléments qui se sont chargés de l'exécution du coup »*. (Voir. Germain Séhoué, *Le Commandant invisible raconte la bataille d'Abidjan,* Editions l'Harmattan, Paris, 2012, p.27).

30 juillet : Flamme de la Paix.

Cette cérémonie symbolique annonçant la fin de la guerre a eu lieu au stade Municipal de Bouaké. Devant une foule visiblement acquise à la cause de l'événement, Laurent Gbagbo scanda sa phrase célèbre qu'il répéta en cœur avec le public : *« la guerre est finie »* !

2008

L'ANNÉE DE LA MARCHE VERS LES ÉLECTIONS

15 janvier : La résolution 1795.

Le Conseil de sécurité des Nations Unies adopte la résolution 1795, qui donne au Représentant spécial du Secrétaire général des Nations Unies en Côte d'Ivoire le pouvoir de certifier les élections. Cette prérogative reconnue par les différentes parties au Représentant spécial a été l'objet d'interprétations aussi multiples que contradictoires à l'occasion de la crise postélectorale. Pour le RHDP ainsi que pour le Représentant spécial lui-même, cette prérogative lui permettait de désigner le vainqueur des élections. Et pourtant, soutient le camp de Laurent Gbagbo, l'objet de la prérogative de certification reconnue au Représentant spéciale, concernait les procédures du processus électoral et non les chiffres des résultats. (Voir Alain Dogou, *Ma vérité sur le complot contre Laurent Gbagbo,* Editions l'Harmattan, Paris, 2012, p.23).

14 avril : Premier report des élections.

Le Conseil des ministres annonce que les élections présidentielles auront lieu le 30 novembre 2008 dans le cadre du plan de paix, tel que proposé par la Commission électorale indépendante (CEI).

Avril 2008 : **Adoption du Code de bonne conduite des partis ivoiriens.**

C'est une sorte de convention entre les principaux partis politiques en vue de prévenir les éventuelles contestations et violences qui étaient déjà perceptibles à quelques mois des élections. L'article 1er de ce code prescrit : *« les signataires s'engagent à soutenir la tenue d'élections démocratiques, libres, ouvertes et transparentes organisées pas la Commission Electorale Indépendante (CEI). Ils s'engagent à respecter le verdict des urnes. Ils s'engagent également à n'utiliser que la procédure judiciaire prévue par les lois pour contester éventuellement les résultats des élections ».*

18 novembre : Les élections sont encore reportées.

2009

L'ANNÉE DE LA ROUBLARDISE DES REBELLES

14 mai : M. Soro annonce que les élections auront lieu le 29 novembre.

26 mai 2009 : Installation des autorités civiles.

Les rebelles qui contrôlent le nord du pays transmettent officiellement le pouvoir aux administrateurs civils chargés de restaurer le contrôle de l'État. Les rebelles conservent toutefois un pouvoir considérable sur l'économie locale et les forces de sécurité. En réalité, ils ont l'autorité réelle dans cette zone face aux administrateurs de l'Etat qui ne font que de la figuration.

8 août : Nomination du Président du Conseil constitutionnel.

C'est le Professeur Paul Yao N'Dré, ancien ministre de l'Intérieur de M. Gbagbo, qui est nommé président du Conseil constitutionnel. Sa neutralité est remise en question par l'opposition qui le considère comme un *« ami »* de Laurent Gbagbo.

16 octobre : La CEI annonce que les listes électorales provisoires ne seront pas prêtes avant un mois.

29 octobre : La résolution 1893.

Le Conseil de sécurité des Nations Unies adopte la résolution 1893 qui émet une mise en garde contre les violations répétées des droits de l'homme et renouvelle les sanctions contre la Côte d'Ivoire jusqu'au 31 octobre 2010.

14 novembre : La CEI confirme que les élections n'auront pas lieu le 29 novembre.

Décembre : La nouvelle date du scrutin est fixée au début du mois de mars 2010 sous l'égide du facilitateur Balise Compaoré.

2010

L'ANNÉE DU DERNIER VIRAGE

9 janvier: Fraude à la CEI.
Le Président de la CEI se permet d'introduire seul, sans informer les autres membres et en dehors du mode opératoire convenue, près de 429.000 personnes sur la liste électorale. Laurent Gbagbo l'accuse de fraude d'autant plus que, soutient-il, il n'existe aucune preuve que ces personnes soient d'origine ivoirienne. Même Youg Ji Choi le représentant spécial du secrétaire général de l'ONU lui exprime son indignation : *« Monsieur le président de la CEI, vous venez ainsi de graves suspicions sur le processus électoral ».*

11 février : L'inscription sur les listes électorales est suspendue.

12 février : Dissolution de la CEI.
M. Gbagbo dissout la CEI. Les partis d'opposition lancent un appel à la manifestation. Un groupe de coalition représentant les principaux partis d'opposition, le Rassemblement des Houphouétistes pour la Démocratie et la Paix (RHDP), publie un communiqué déclarant qu'il ne reconnaît plus M. Gbagbo comme chef de l'État. Les élections sont à nouveau reportées.

15-20 février: Plusieurs personnes trouvent la mort lors d'affrontements entre les forces de sécurité et des manifestants anti-gouvernementaux, notamment à Gagnoa, au nord-ouest d'Abidjan.

22 février : M. Compaoré, président du Burkina Faso et médiateur, arrive à Abidjan.

23 février : Un nouveau gouvernement est nommé avec M. Soro au poste de Premier ministre, mais seulement 16 des 28 postes du gouvernement sont pourvus.

26 février : Une nouvelle commission électorale est établie. Elle est dirigée par l'ancien ministre des Affaires étrangères Youssouf Bakayoko, un haut responsable du Parti démocratique de Côte d'Ivoire (PDCI), un parti d'opposition. Le dirigeant de l'opposition met un terme aux manifestations et annonce que 11 postes ont été pourvus au sein du nouveau gouvernement, qui est composé de 27 membres.

22 juillet : M. Soro quitte la tête des rebelles des Forces Nouvelles pour se consacrer à l'organisation des élections.

5 août : M. Soro annonce que les élections auront lieu le 31 octobre. Il s'agit de la sixième date annoncée depuis 2005.

9 septembre : Pour la première fois, les trois principaux partis politiques s'accordent sur une liste électorale définitive. Les anciens rebelles se déclarent satisfaits de la liste, qui compte quelque 5,7 millions d'électeurs.

22 septembre : Paiement de la prime de démobilisation.

Les anciens rebelles reçoivent leur première prime de démobilisation. Le paiement de cette prime répond à l'une des exigences formulées par les rebelles en vue de procéder au désarmement.

28 septembre : Renfort de l'ONU.

Les Nations Unies votent l'envoi de 500 casques bleus supplémentaires pour venir en aide aux 8 500 casques bleus déjà présents dans le pays en vue de la sécurisation des élections. Mais il faut noter que curieusement, l'ONUCI s'est doté en matériel militaire de combat qui est dépourvu de tout lien avec sa mission d'interposition et de paix. Il s'agit notamment de deux hélicoptères russes de combat MI-24 et d'un certain nombre d'armement lourd.

15 octobre : Renouvellement de l'embargo sur les armes.

Le Conseil de sécurité des Nations Unies renouvelle l'embargo sur les armes et le commerce du diamant brut – en vigueur depuis 2004 – pour une période de six mois, mais lève l'embargo sur l'importation de matériel militaire *« non meurtrier »* nécessaire aux opérations de contrôle des foules. Les mesures concernant les sanctions financières et les restrictions de déplacement sont également renouvelées pour certaines personnes, notamment Charles Blé Goudé, le dirigeant des Jeunes Patriotes.

25 octobre : Ultime délai pour la distribution des cartes d'électeur.

Le 29 octobre est déclaré jour férié afin de donner aux électeurs une dernière chance de récupérer leur carte d'identité et leur carte électorale. Selon le bureau du

Premier ministre, 90% des cartes électorales ont été distribuées à Abidjan et 80 pour cent dans le reste du pays. Les Nations Unies parlent de 85 pour cent et 45 pour cent, respectivement.

27 octobre : Formation du personnel de la CEI pour le scrutin.

La CEI annonce qu'elle va commencer la formation de quelque 66 000 agents de scrutin quatre jours avant le vote. Philippe Mangou, le chef d'état-major des forces armées, indique que 1 500 soldats faisant partie d'un contingent de 8 000 soldats ont été déployés afin de maintenir le calme. M. Mangou annonce que les frontières et les aéroports seront fermés en cas de violences postélectorales.

28 octobre : corruption à la CEI.

La Convention de la Société Civile ivoirienne (CSCI) évoque le racket qui a cours, selon des responsables de la commission électorale, dans les centres de distribution des cartes. Tandis que Reporters Sans Frontières évoque les *« débordements inquiétants »* des médias privés alors que la radio et la télévision d'État accordent un temps d'antenne disproportionné au président en exercice.

31 octobre : Premier tour du scrutin.

Les Ivoiriens votent aux élections présidentielles. Parmi les 14 participants, les trois principaux candidats sont : Laurent Gbagbo, l'ancien président Henri Konan Bédié et l'ancien Premier ministre Alassane Ouattara, qui n'a pas pu participer aux précédentes élections en raison d'une polémique au sujet de sa nationalité.

6 novembre : Accord sur les résultats.

Le Conseil constitutionnel valide les résultats du premier tour des élections – les deux premiers candidats, M. Gbagbo 38% et M. Ouattara 32% s'affronteront au second tour.

7 novembre : Le PDCI soutient le candidat du RDR.

M. Bédié demande aux dirigeants et aux partisans d'opposition de soutenir M. Ouattara au second tour.

28 novembre : Les Ivoiriens participent au second tour de l'élection.

30 novembre : Tension à la CEI.

Alors qu'il tentait de publier des résultats non homologués par l'ensemble des commissaires de la CEI, le porte-parole de la CEI est interrompu par un autre responsable de la CEI favorable à M. Gbagbo. Devant les cameras de la presse, celui-ci arrache le document au porte parole, le déchire et déclare plus tard que l'annonce était « illégale ».

1er décembre : La CEI dessaisie pour forclusion.

Le 1er décembre à 23 heures, c'est-à-dire à quelques minutes de la fin du délai de 3 jours impartis à la CEI, pour proclamer les résultats du 2e tour, son président Youssouf Bakayoko fait une apparition télévisée pour rassurer en affirmant que la CEI est à pieu d'œuvre pour donner les résultats. Même quand un journaliste lui rappelle que le délai sera bientôt épuisé, il réagit : *« il n'est pas encore minuit ! »*. A l'expiration du délai, la CEI transmet le dossier au Conseil constitutionnel.

2 décembre : L'imposture qui déclencha la guerre.

Alors que le délai de 3 jours imparti à la CEI pour donner les résultats provisoires est épuisé depuis le 1er décembre à minuit, M. Youssouf Bakayoko, se rend à l'Hôtel du Golf, QG de campagne du candidat Alassane Ouattara et publie ce qu'il tient pour des résultats. Il n'est pas entouré, comme les textes de l'institution le recommandent, de tous les commissaires ainsi que cela s'est fait au 1er tour. Sur la base du bout de papier qu'il lit dans l'une des pièces de l'Hôtel, il déclare que M. Ouattara a reçu 54% des suffrages contre 46% pour M. Gbagbo. Dans la foulée, cette déclaration est remise en cause par le Conseil constitutionnel. Son président, Paul Yao N'Dré, déclare à la télévision que la CEI est forclos et qu'elle n'a pas agi selon la loi.

3 décembre : Proclamation de la victoire de Laurent Gbagbo par le Conseil constitutionnel.

M. Yao N'Dré déclare que M. Gbagbo a remporté l'élection avec 51% des suffrages contre 49% pour M. Ouattara. Le Conseil invalide les résultats de 7 départements du nord où il ya eu des violences et fraudes flagrantes qui ont entaché la crédibilité du scrutin dans ces zones. Dans la foulée, M. Choi, le Représentant spécial du secrétaire général de l'ONU en Côte d'Ivoire fait une déclaration dans laquelle, il dit certifier les résultats proclamées par M. Youssouf Bakayoko et non ceux données par le conseil constitutionnel. Il dit ne reconnaitre comme président élu, M. Alassane Ouattara. Il venait ainsi de déclencher la guerre postélectorale se positionnant comme la caution morale d'une contestation des résultats officiels publiés par le conseil constitutionnel. Et pourtant la prérogative de certification à lui conférée ne consistait pas à se prononcer sur les chiffres du scrutin mais sur le déroulement du processus électoral. C'est d'ailleurs la réponse qu'il avait donnée à des représentants de partis politiques lors de la réunion bilan du 1er tour à qui il déclara : *« je n'ai pas le mandat que vous me demandez ; mon rôle n'est pas de me substituer aux institutions ivoiriennes mais de certifier le processus électoral ».*

4 décembre : Double prestation de serment.

Alors que M. Gbagbo est investi et prête serment devant le Conseil constitutionnel à son audience solennelle, M. Ouattara dit, lui aussi, prêter serment par une lettre manuscrite adressée sur papier libre au Conseil constitutionnel.

5 décembre : Formation de deux Gouvernements.

M. Ouattara forme son gouvernement et nomme M. Soro Premier ministre. M. Gbagbo désigne comme Premier ministre le professeur Gilbert Marie N'gbo Aké.

7 décembre : Début de la violente crise postélectorale.

M. Mbeki quitte la Côte d'Ivoire après deux jours de réunions qui n'ont apparemment abouti à aucun accord. M. Gbagbo forme son gouvernement et nomme le dirigeant des Jeunes Patriotes Charles Blé Goudé au poste de ministre de la Jeunesse, de la Formation professionnelle et de l'Emploi, bien qu'il soit sous le coup de sanctions de l'ONU. Un sommet spécial de la CEDEAO à Abuja se déroule en l'absence de la Côte d'Ivoire : les États membres décident de suspendre la Côte d'Ivoire et de déclarer M. Ouattara vainqueur du scrutin présidentiel.

2011

L'ANNÉE DU DRAME

3 janvier : Première mission de la CEDEAO à Abidjan.
Cette mission est composée de trois présidents : Boni Yayi (Benin), Pedro Pires (Cap Vert), Ernest Bai Koroma (Sierra Leone) et du Premier ministre Kenyan Raila Odinga. Ils rencontrent le président Laurent Gbagbo qui leur réitère sa proposition du *« recomptage des voix »* et se dit disposer à rencontrer Alassane Ouattara. Celui-ci rejette toute idée de rencontre *« tant que M. Gbagbo ne reconnait pas »* sa victoire.

11 janvier : Entrée en action du "Commando invisible".
Le Commando invisible est un autre groupe de rebelles constitué et sous les ordres d'Ibrahim Coulibaly Chef mythique de la rébellion ivoirienne. Infiltrés par vagues successives à Abidjan, ils ont fini par faire leur siège dans la commune d'Abobo et la banlieue d'Anyama qu'ils contrôlent totalement. Leurs cibles privilégiés, ce sont les Forces de Défense et de sécurité dont ils attaquent par surprise les patrouilles et positions. Mais le Commando Invisible n'épargne pas non plus les populations civiles et notamment les Bétés, partisans présumés de Laurent Gbagbo. Les forces armées ivoiriennes doivent dès lors faire face à des éléments opérant en civil parmi la population qui est de fait transformée en bouclier humain. Plusieurs atrocités sont enregistrées au compte du

Commando Invisible ; il s'agit notamment de l'attaque de l'émetteur d'Abobo en février 2011 où deux civils (des vigiles) ont été brûlés vifs ; du lynchage de plusieurs personnes soupçonnés d'être pro-Gbagbo et brûlés vives ; de l'assassinat de plusieurs policiers et militaires, etc.

15 janvier : Début des ballets diplomatiques.

Ils sont dix Ambassadeurs qui se rendent à l'hôtel du Golf pour présenter leurs vœux à Ouattara. Ce sont les Ambassadeurs de : Allemagne, Belgique, Canada, Espagne, France, Gabon, Italie, Nigeria, Royaume-Uni, USA.

19 janvier : Veto des Russes et des Chinois.

Le représentant russe à l'ONU obtient le report du vote sur l'envoi d'un contingent supplémentaire de 2000 casques bleus en Côte d'Ivoire. Moscou et Pékin rejettent le texte rédigé par la France et les USA. La version finale portant le contingent 10 650 casques bleus est adoptée, mais Russes et Chinois indiquent qu'ils ne soutiendraient pas aveuglément les stratégies guerrières proposées par les occidentaux.

27 janvier : UA, Le sommet de la tension et de la manipulation.

Ce sommet qui se tient à Addis-Abeba est marqué par l'intervention du Président Français Nicholas Sarkozy. En marge du sommet, le secrétaire général de l'ONU Ban Ki Moon déclare que *« le recomptage des voix serait une grave injustice pour Alassane Ouattara »*. Et pourtant, c'est bien le recomptage des voix qu'il a fallu pour régler pacifiquement le contentieux électorale en Haïti.

31 janvier : Le Panel de la dernière chance.

Lors de sa 16e session de la conférence de l'Union Africaine, il a été mis en place un panel composé de 5 chefs d'Etat. Il s'agit de : Jacob Zuma (Afrique du Sud), Blaise Compaoré (Burkina-Faso), Mohamed Ould Abbel Aziz (Mauritanie), Kakaya Kikwete (Tanzanie), Idriss Déby (Tchad).

5 février : Manifestations d'hostilité à Blaise Compaoré.

A la veille de l'arrivée du Panel à Abidjan, une des manifestations ont lieu à l'aéroport Félix Houphouët Boigny d'Abidjan. Les manifestants déclarent qu'ils vont camper jusqu'à l'arrivée du Panel afin de réserver, disent-ils, un accueil chaleureux à Blaise Compaoré. Ils se sont munis pour la circonstance de poster de Thomas Sankara, ex-président Burkinabé mort à la suite du coup d'Etat qui a installé Blaise Compaoré au pouvoir.

11 février : Début du double embargo économique et humanitaire.

L'Union Européenne décrète un embargo sur les ports ivoiriens. La Côte d'Ivoire est donc privée de vivres et surtout de médicaments. La Ministre de la santé et de la lutte contre le Sida s'insurge contre cette mesure qui n'a d'autres conséquences que de condamner les populations ivoiriennes à la mort.

17 février : La nationalisation des Banques.

Cette décision est prise par le gouvernement ivoirien en réponse à la décision de fermeture des banques. Grace à cette décision, les salaires ont été payés par l'entremise des banques nationales en dépit de quelques difficultés pratiques.

19 février : La révolution « orange » de Soro Guillaume.

La révolution dite orange qu'il lance à Bouaké est un échec total. La population est indifférente et reste chez elle.

21-22 février : Arrivée sous tension du panel à Abidjan.

Le panel de l'Union Africaine arrive à Abidjan sans Blaise Compaoré. Zuma est pris à partie par les partisans de Ouattara à son arrivée à l'hôtel du Golf.

22 février : le Gouverneur de la BECEAO poussé à la porte.

Le Gouverneur Philippe-Henry Dakoury-Tabley est contraint à la démission. Il avait pourtant un mandat *« irrévocable »* de 6 ans selon l'article 56 des statuts de la BECEAO. Cela répond à la logique d'asphyxie économique de la Côte d'Ivoire.

24 février : l'ECOMOG en ligne de mire.

Pendant que la CEDEAO menace d'utiliser la force pour renverser Laurent Gbagbo, le président Burkinabé Blaise Compaoré écrit à Nicholas Sarkozy pour lui demander d'intervenir au Conseil de sécurité. Il écrit : *« le plus difficile a été fait en passant des élections à la reconnaissance de la victoire de Monsieur Alassane Ouattara comme président de la République par toutes les institutions mondiales, il ne devrait plus être difficile pour votre grand Etat et sa diplomatie exemplaire de faire partir le sortant par tous les moyens ».*

1er -2 mars : Pression sur Jacob Zuma, un des soutiens de Gbagbo.

En visite à Paris, Zuma s'entretient avec Nicholas Sarkozy. Au terme de cette visite, sa position se ramollit mais il déclare quand même : *« si ce qui s'est passé en Côte d'Ivoire est une élection c'est que c'est Gbagbo qui a gagné »* !

3 mars : La marche de la honte.

Lors d'une marche de femmes organisées par le RHDP à Abobo et encadrée par des hommes lourdement armés, 7 femmes sont déclarées mortes. C'est de la pure fabrication de faits car en effet, une vidéo montre bien une femme ensanglantée présentée comme morte et qui se relève subitement. Quelqu'un lui dit alors : *« couche toi ce n'est pas encore fini »* ! Le Colonel Sékouba du Commando invisible qui était de ceux qui avaient encadré cette marche confesse que c'est du sang de mouton qui a été versé sur toutes les femmes qui ont été réquisitionnées pour participer à cette mise en scène et qui ont reçu chacune la somme de 100.000f *« à la mosquée du quartier Marley du rond point vers Banco du coté de derrière rail »*. (Voir Germain Sehoué, *Le Commandant invisible raconte la bataille d'Abidjan,* Editions l'Harmattan, Paris, 2012, p.43).

6-7 mars : Terreur chez les Ebrié.

Le village Ebrié d'Anonkoua-Kouté est attaqué nuitamment par le Commando invisible qui fait des blessés graves et des morts. Certaines victimes sont égorgées, d'autres sont calcinées. Il n'y eut aucune réaction de la communauté internationale sur ce massacre.

8 mars : Création des FRCI.

Alassane Ouattara prend une ordonnance portant création des « Forces Républicaine de Côte d'Ivoire » (FRCI). L'ordonnance transforme en forces régulières les Forces Armées des Forces Nouvelles (FAFN) branche armée de la rébellion dirigée par Soro Guillaume. Il convient de rappeler que lorsqu'à l'occasion du conflit post électoral Soro Guillaume a pris fait et cause pour Alassane Ouattara, les FAFN ont engagé l'affrontement armé pour la chute de Laurent Gbagbo. Une semaine après leur création, les FRCI faisaient sévissaient à Duékoué où il y eut environ 2.000 morts dont plusieurs civils de l'ethnie Guéré.

9-10 mars : l'UA accueille Ouattara comme président.

A son sommet d'Addis-Abeba, l'Union Africaine accueille Alassane Ouattara comme président de la République de Côte d'Ivoire. M. Alcide Djédjé, Ministre des affaires étrangères dans le Gouvernement de Laurent Gbagbo et M. Pascal Affi Nguessan, président du FPI sont présents. L'UA réaffirme la victoire de Ouattara mais lui demande de se faire investir par le conseil constitutionnel.

16 mars : le mensonge de France 24.

Cette chaine de télévision diffuse un reportage dans lequel elle affirme que *« Abobo est la cible d'attaques terrestres et aériennes des forces armées de Laurent Gbagbo ».* Et pourtant depuis que l'aviation militaire ivoirienne avait été détruite sur ordre du président français Jacques Chirac, l'armée ivoirienne ne dispose ni d'avion ni d'hélicoptère.

26-27 mars : grande mobilisation des partisans de Laurent Gbagbo.

A l'appel de Charles Blé Goudé, plusieurs milliers d'ivoiriens se réunissent à la place de la République pour manifester, danser et prier jusqu'au petit matin. C'était le dernier rassemblement des partisans de Laurent Gbagbo.

29 mars : le génocide Wê à Duékoué.

Les FRCI massacrent entre 1000 et 2000 personnes en raison de leur appartenance à l'ethnie Guéré. Le massacre se serait déroulé à proximité d'un contingent de soldats Marocain de l'ONUCI qui est resté indifférent. Selon les témoignages recueillis par Amnesty international, ces massacres sont bien le fait des hommes d'Alassane Ouattara. *« Jusqu'à la proclamation par Alassane Ouattara de la création des FRCI le 8 mars 2011, les FAFN étaient formellement sous le commandement de Guillaume Soro, Secrétaire général des Forces nouvelles »*, écrit Amnesty international dans son rapport intitulé *« Ils ont regardé sa carte d'Identité et l'ont abattu »*. Selon ce rapport *« dès la matinée du 29 mars 2011, les FRCI accompagnées par les Dozos ont totalement pris le contrôle de Duékoué et, dans les heures et les jours qui ont suivi, des centaines de personnes appartenant à l'ethnie guéré ont été assassinées de manière délibérée et systématique, à Duékoué et dans certains villages environnants, uniquement en raison de leur appartenance ethnique. »* Et les FRCI de Ouattara ciblaient aussi leurs victimes selon qu'elles étaient de l'ethnie guéré ou selon qu'elles étaient partisanes de Laurent Gbagbo. Ainsi, raconte un témoin rencontré par Amnesty, *« [Le mardi 29 mars], quand ils sont arrivés, ils ont poussé des cris en répétant qu'ils étaient venus pour tuer les Guéré. Une femme Guéré a été poignardée dans le dos. Quand elle a montré une photo d'ADO, un des membres du FRCI lui a demandé pardon et a épargné la vie de son frère qui allait être exécuté »*. Dans d'autres cas, les FRCI et les éléments armés combattant à leurs côtés ont fait chanter à leurs victimes des hymnes à la gloire d'Alassane Ouattarra, ajoute le rapport. Même des chiens ont été utilisés pour retrouver la trace des populations qui fuyaient les massacres. Un témoin rencontré à en croire le rapport raconte : *« Le lundi [28 mars 2011], le jour de l'attaque, je me suis enfui dans la brousse pour me cacher. Deux jours après, le mercredi, les FRCI sont venus me chercher avec des chiens. J'ai été mordu aux pieds et aux fesses »*. Les cicatrices laissées par les crocs étaient encore visibles lorsque les délégués d'Amnesty International ont rencontré cette personne, deux semaines plus tard.

Des personnes responsables de ces crimes ont été nommément citées dans les rapports, il s'agit de : Amadé Ourémi, Losseni Fofana et bien d'autres.

30 mars : La résolution 1975 de l'ONU.

Après plusieurs jours de négociations, la France finit par avoir gain de cause. La résolution 1975 est votée qui permet à l'ONUCI donc à l'armée Française d'utiliser *« tous les moyens nécessaires pour mettre en œuvre son mandat de protéger les civils [...] y compris pour prévenir l'usage d'armes lourdes »*.

31 mars : Un Français tué et ignoré par la France.

Il s'appelle Philippe Rémond et est enseignant à l'INPHB de Yamoussoukro. Il a été assassiné à sa chambre d'hôtel. D'après le témoignage du Colonel Sekouba, Philippe Rémond a été assassiné parce qu'il était l'une des *« trois personnes »* à détenir les preuves audio du complot contre Gbagbo. (Voir Germain Séhoué, *Le commandant invisible raconte la bataille d'Abidjan*, Editions l'Harmattan, Paris, 2012, p.11).

1er avril : Entrée en action de l'armée Française.

Prétextant de la résolution 1975, l'armée française et le contingent de l'ONUCI entrent en scène aux moyens des hélicoptères qui commencent à circuler.

1-2 avril : Attaque de la RTI.

La RTI est prise par les rebelles dans la nuit et reprise par les FDS le lendemain au petit matin. Selon des sources proches de cette offensive, les FDS ont profité d'un affrontement interne entre deux factions rebelles rivales qui se seraient croisées dans les locaux de la RTI. Il s'agit du Commando invisible d'IB et d'un autre détachement sur les ordres de Soro Guillaume. L'altercation entre les deux groupes serait intervenue au moment où il fut question de lire une déclaration télévisée ; pro IB et pro Soro étant en désaccord totale sur le contenue de la déclaration ainsi que le lecteur de ladite déclaration. C'est ce temps de tergiversation qui a permis aux FDS de se réorganiser et de revenir à la charge.

2-3 avril : Début de l'occupation Française.

L'armée française occupe l'aéroport d'Abidjan, les deux ponts et plusieurs endroits stratégiques de la ville d'Abidjan. L'objectif est clair : freiner l'avancée de tout mouvement des forces gouvernementales.

4 avril : la France en guerre contre la Côte d'Ivoire.

Les hélicoptères français intensifient leurs tirs dans la capitale Abidjan. A la résidence présidentielle qui est particulièrement visée, le Colonel-Major Gohourou Babri porte-parole de l'Etat Major de l'armée ivoirienne est tué par un sniper français alors qu'il tentait de négocier un cessez-le-feu.

5 avril : Feu sur le camp d'Akouedo.

Les hélicoptères français multiplient les bombardements sur le camp militaire d'Akouedo. C'est l'une des plus importantes poudrières de l'armée française. Il faut noter que les militaires français y vivent avec leurs familles. Ces populations civiles ne sont certainement pas concernées par la résolution 1975 qui prétend sauvegarder la vie des civils.

7-8-9 avril : la déroute cinglante des FRCI.

En dépit de l'appui logistique de l'armée française et de l'ONUCI, toutes les offensives des FRCI sont repoussées par les FDS. Jusqu'à cette date, les FRCI n'ont pas réussi à prendre un seul point stratégique d'Abidjan. Leurs actions d'éclats se limitent aux massacres des populations pro Gbagbo.

10 avril : Gbagbo demande l'arrêt des combats.

Se rendant compte que c'est la France qui est rentrée en guerre contre la Côte d'Ivoire, Laurent Gbagbo demande l'arrêt des combats car dit-il, *« la Côte d'Ivoire n'est pas en guerre contre la France »*.

11 avril : La capture de Laurent Gbagbo.

Après une dizaine de jours de bombardement sur le palais présidentiel de Côte d'Ivoire, l'armée française capture Laurent Gbagbo et le remet aux forces de Ouattara. Le coup d'Etat le plus long de l'histoire de l'humanité (8 ans, 6 mois, 23 jours) s'achève comme il avait commencé par la mort d'un ministre de l'intérieur, Désiré Tagro qui meurt après avoir reçu une balle dans la bouche. Amnesty international a pu recueillir le récit d'un témoin qui se trouvait dans la résidence au moment des faits. Il raconte : *« Désiré Tagro était en discussion avec l'ambassadeur de France pour convenir des modalités de la reddition de Laurent Gbagbo et de ses proches. Désiré Tagro est sorti avec un drapeau blanc mais on lui a tiré dessus sans le toucher. Il est revenu et a rappelé l'ambassadeur pour lui demander que les tirs cessent. Lorsque nous sommes sortis, j'ai vu que Désiré Tagro était blessé à la mâchoire »* (Voir *'' Ils ont regardé sa carte d'identité et l'ont abattu'', retour sur six mois de violences postélectorales*, Amnesty International mai 2011). Le Ministre meurt le soir même de ses graves blessures à la polyclinique International Sainte Anne-Marie (PISAM) où l'ONUCI l'avait conduit, faute de chirurgien dans son antenne médicale.

27 avril : mort du Sergent chef Ibrahim Coulibaly dit IB.

Il a été tué au Nord d'Abidjan par les forces d'Alassane Ouattara. Ce mercredi 27 avril 2011, les forces de Ouattara avaient affirmé plus tôt qu'elles s'étaient emparé du fief du ''Commando Invisible'' après avoir sommé le groupe de rendre les armes. IB avait été annoncé comme prisonnier avant que l'on apprenne sa mort dans la soirée. Il convient de souligner qu'après avoir installé sa base dans la commune d'Abobo, IB dont les éléments du Commando Invisible avaient engagé la guerre d'Abidjan contre le régime de Gbagbo avait commencé à se sentir exclu du plan anti-Gbagbo. Il l'avait dit dans un meeting qu'il avait tenu à Abobo et dans lequel il avait fait l'historique de la rébellion ivoirienne comme étant son projet à lui. (Youtube : Les révélations de IB sur la rébellion.
http://www.youtube.com/watch?v=IpB9dr81HoE).

14 septembre 2011 : Affrontements entre populations et FRCI à Taï.

Sur ces événements, nous avons retenu l'un des témoignages les plus crédibles. Celui de Toclan Gnahoué Jean dit Diego, secrétaire général de la section PDCI des villages Ziriglo-Sioblo-Oula et représentant local du RHDP. Selon lui, tout a commencé avec l'arrivée du Lieutenant Yah Roger élément des FRCI. Celui-ci contraint les populations au paiement de sommes aussi injustifiées qu'exorbitantes : 25.000f par convocation, 35.000f et un sac de riz par semaine pour chaque village. Pour se donner les moyens de contraindre les villageois à payer ces sommes, Yah Roger recrute dans la communauté autochtone des jeunes Burkinabé et Togolais qu'il habille en treillis et qu'il dote de fusil calibre 12. Ensuite, il fait du jeune Burkinabé nommé Prosper le nouveau chef des trois villages. Exacerbée par les persécutions de Yah Roger et ses hommes, la population de la sous-préfecture Taï organise une marche le 10 septembre 2011 pour dénoncer celui-ci. Une marche soutenue par Abou Coulibaly, représentant RDR de Ziriglo. Informés très tôt que Yah Roger prépare des représailles contre eux pour l'avoir dénoncé, Toclan Gnahoué Jean et Abou Coulibaly s'enfuient du village mais Abou lui sera épinglé plus tard et exécuté.

La nuit du 15 au 16 septembre est une nuit d'enfer pour les populations. Selon des témoins, une foule d'allogènes armés frappèrent à toutes les portes et exécutaient systématiquement tous ceux qui sortaient des maisons. C'est le cas de Toclan Pahoui Natacha à qui l'on a demandé de dire où se trouve son père Toclan Gnahoué Jean. Elle a été égorgée, son bébé de 6 mois a été aussi égorgé et son enfant de 5 ans n'a pas échappé ; la petite sœur de la femme du chef du village qui tentait de s'échapper a été égorgée alors qu'elle portait une grossesse de 9 mois ; la femme en question du chef du village Dourou Sro Marie qui venait secourir sa petite sœur a été elle-même égorgée ; Téré Blo Donatien, étudiant à l'université de Cocody Abidjan, qui avait échappé aux exactions, a été trouvé plus tard égorgé dans le campement de son père ; Téhé G Célestin qui avait réussi à fuir dès les premières alertes et qui revenait plus tard dans l'après midi au village pour savoir ce qui s'était réellement passé, a été pourchassé, rattrapé puis égorgé à l'entrée du village. Les principaux meneurs de ces massacres identifiés par les témoins sont : Prosper (président des jeunes Burkinabé de Ziriglo), Ousmane Tingueri, Koulandjourê, Ouedraogo Drissa (président des jeunes Burkinabé de Nigré), Zagré Jean Baptiste, Sayoré dit le gros, Guiguende Mady dit Mady le Général (chef intérimaire des Burkinabé de Sioblo Oula), Illi Seydou (président des jeunes Burkinabé de Sioblo Oula), Touré Wagninan dit Souleyman, Kabré Brahima dit Nadjala et Sanou Arouna.

Voici le point des exactions par village :

A Ziriglo :

- Abou Coulibaly, responsable RDR de Ziriglo
- Toclan Pahoui Natacha, fille de Toclan Gnahoué Jean
- Bébé Toclan (6 mois)
- Enfant Toclan (5 ans)
- Dourou Sro Marie, femme du chef du village
- Noané Bamoux Larissa, nièce de Dourou Sro Marie
- Tohé G Célestin
- Tchomon Koukou Charles

A Nigré :

- Djahi Julien (exécuté sur la côte de Nigré par Junior, élément de Yah Roger)
- Djahi Bérenger (exécuté sur la côte de Nigré par Junior, élément de Yah Roger)
- Djahi Kouloh Marcel (découvert assassiné vers Ziriglo)
- Djahi Aristide (découvert assassiné vers Ziriglo)
- Kouya Landry (attardé mental, découvert assassiné devant sa porte)

Nuit du 17 au 18 décembre : Affrontements entre FRCI et populations de Vavoua.

Un jeune homme a été appréhendé par les FRCI. N'ayant aucune nouvelles de lui jusqu'au lendemain de cette interpellation, les membres de sa communauté accusent les FRCI de l'avoir abattu. Ceux-ci organisent alors une marche de protestation devant l'état major des FRCI. Cette marche est sévèrement réprimée et l'on dénombre 4 morts et plusieurs blessés.

24 et 25 décembre 2011 : Affrontements entre FRCI et populations à Sikensi.

A l'origine de ces affrontements, une banale dispute entre un élément des FRCI et un jeune villageois. Le jeune homme est grièvement blessé par le soldat. Le jour suivant, la rumeur de son décès révolte la population qui s'attaque aux FRCI. Les affrontements qui s'en suivent font un mort du côté des FRCI et un blessé grave. L'incident dégénère et prend rapidement les allures d'un affrontement communautaire. Le bilan est lourd : 4 morts, plusieurs blessés par balles, à la machette, au gourdin dont

15 cas graves évacués dans des centres hospitaliers d'Abidjan.

20 juillet 2012 : Attaque du camp de réfugiés de Duékoué.

Tout commence le mercredi 18 juillet. Alors qu'une réunion de sensibilisation des populations sur l'insécurité se tenait dans le quartier « Père-thète », les bandits choisissent de frapper dans un autre quartier, où ils attaquent une cour. La riposte de FRCI fait deux morts dans le camp des bandits. Dans la nuit du jeudi 19 au vendredi 20 juillet, les bandits refont surface, cette fois dans le quartier Kokoma, non loin du camp des réfugiés de Nahibly. Selon les témoignages des habitants du quartier, c'est aux environs de 1 heure et ce jusqu'à 2 heures du matin, que les bandits ont sévi, faisant 4 morts par balles et des femmes blessées. Les dozos (chasseurs traditionnels du Nord) qui assurent la sécurité du quartier se rendent alors sur les lieux après avoir entendu les coups de feu. A la vue des dozos, les bandits ouvrent le feu. S'ensuivent alors des échanges de tirs entre les assaillants et les chasseurs traditionnels. Ceux-ci feront un blessé grave parmi les bandits. Ces derniers qui ne veulent pas abandonner leur compagnon sur place, l'emportent avec eux. Les dozos, toujours à en croire les témoignages, suivront les traces de sang laissées par le blessé. Lesdites traces mènent au camp des réfugiés de Nahibly. Cela a suffi à asseoir la conviction des populations de Kokoma que les bandits sont partis de ce camp. D'où l'attaque de vengeance qu'elles ont menée hier contre ce camp. Le premier bilan faisait état de 4 morts et de 30 blessés. Mais ce bilan n'a cessé d'évoluer pour atteindre le chiffre de 13 morts dont 3 brûlés vifs.

SOURCES ET BIBLIOGRAPHIE

Références électroniques

- http://www.rfi.fr/actufr/articles/010/article_5136.asp
- http://www.afrique-express.com/afrique/cotedivoire/ci-2001-5.html
- http://www.rezoivoire.net/news/enquete-article/5101/la-cote-d-ivoire-en-50-grandes-dates.html
- http://www.rfi.fr/actufr/articles/058/article_31218.asp
- http://fr.allafrica.com/stories/200401260061.html
- http://www.lepatriote.net/lire/0ef11b88-2089-43de-a689-b230ab7c5d51.aspx
- http://www.ina.fr/economie-et-societe/vie-sociale/video/3011940001015/manifestation-des-partisans-du-president-gbagbo-contre-l-onu.fr.html
- http://www.lexpress.fr/actualite/monde/cote-d-ivoire-le-commando-invisible-se-devoile_972478.html
- http://guytressia.over-blog.com/article-15861315.html
- http://www.mainewday.com/L-Histoire-de-Zoro-Bi-Ballo-Epiphane-DG-de-l-AICF-De-Dimbokro-a-Abidjan_a480.html
- http://www.ladepechedabidjan.info/CRIMES-ET-MENSONGES-D-ALASSANE-DRAMANE-OUATTARA-ET-DE-DOMINIQUE-NOUVIAN-FOLLOUROUX_a8890.html

- http://nouvelles.abidjantv.net/print_article.php?id =12129-dozos-et-frci-attaquent-le-camp-des-refugies-we-a-duekoue-13-morts-3-brules-vifs-30-blesses
- http://stevebeko.wordpress.com/2012/07/21/cote-divoire-attaque-du-camp-des-refugies-de-nahibly-a-duekoue-lambassade-de-suisse-a-abidjan-condanne/
- http://laudacedespererunecotedivoirenouvelle.ivoire-blog.com/archive/2011/05/16/duekoue-enquete-sur-un-genocide-inavoue-alassane-dramane-oua.html
- http://ivoire.telediaspora.net/fr/texte.asp?idinfo=65509
- http://www.cotedivoire-lavraie.fr/article-exclusivite-massacres-de-duekoue-voici-la-liste-provisoire-des-morts-108774209.html

Bibliographie

- Le Gri-gri International N°91
- Germain Séhoué, *Le Commandant invisible raconte la bataille d'Abidjan*, Editions l'Harmattan, Paris, 2012.
- Alain Dogou, *Ma vérité sur le complot contre Laurent Gbagbo*, Editions l'Harmattan, Paris, 2012.
- *« Ils ont regardé sa carte d'identité et l'ont abattu »*, Rapport d'Amnesty International sur les violences postélectorales en Côte d'Ivoire.
- *« Ils les ont tué comme si de rien n'était » le besoin de justice pour les crimes postélectoraux en Côte d'Ivoire,* Rapport de Human Wright Watch, Octobre 2011.
- *Laurent Gbagbo, un digne fils de l' Afrique,* Respectez l'Afrique, Revue d'Analyses politiques des intellectuels africains, N°1, Paris 2012, Les éditions L'Harmattan.

TABLE DES MATIÈRES

Côte d'Ivoire aux éditions L'Harmattan

CÔTE D'IVOIRE CHRONIQUES DE GUERRE 2002-2011
Duval Philippe - Préface de Mamadou Koulibaly
Le 19 septembre 2002, la Côte d'Ivoire est coupée en deux à la suite d'un coup d'État manqué. Le 11 avril 2011, Laurent Gbagbo sort de son palais présidentiel bombardé par l'armée française. Entre ces deux dates, neuf ans de guerre larvée, de souffrances pour les populations civiles, de désordres. L'auteur raconte la longue descente aux enfers d'un pays africain autrefois présenté comme modèle.
(Coll. IREA (Institut de recherche et d'études africaines), 26.50 euros, 264 p.)
ISBN : 978-2-296-97013-7

LAURENT GBAGBO UN DIGNE FILS DE L'AFRIQUE À LA CPI
Respectez l'Afrique 1
Ces textes sont des cris de dénonciation des comportements contribuant à la mise sous tutelle de l'Afrique. La Côte d'Ivoire connaît la phase la plus néocolonialiste de son histoire récente, avec une France sarkozyste qui a installé de force Alassane Ouattara à la tête du pays. C'est pourquoi ce 1er numéro lui est consacré.
(14.50 euros, 146 p.) *ISBN : 978-2-296-99083-8*

MA VÉRITÉ SUR LE COMPLOT CONTRE LAURENT GBAGBO
Contre-rapport des résultats de la Commission internationale de l'ONU sur la crise postélectorale
Dogou Alain
Ce livre est un témoignage du ministre de la Défense du gouvernement en exercice en Côte d'Ivoire, au moment où la crise postélectorale se déclenche jusqu'à l'enlèvement du président Laurent Gbagbo. L'auteur livre des informations exclusives, les subtilités de l'origine de la crise ivoirienne et les aspects cachés de son déroulement. Il montre comment la France de Nicolas Sarkozy, avec la complicité active des organisations régionales africaines et de l'ONU, a déroulé un schéma inique contre Laurent Gbagbo.
(Coll. Afrique liberté, 15.00 euros, 182 p.) *ISBN : 978-2-296-99596-3*

COMMANDANT (LE) INVISIBLE RACONTE LA BATAILLE D'ABIDJAN
Sehoue Germain
«Ce qui m'a marqué là-bas, ce sont les tueries contre des pro-Gbagbo. Des innocents, des étudiants, des patriotes et même des militants FPI ou des gens de même ethnie que Gbagbo...» Ce livre-témoignage est produit à partir des révélations du Commandant invisible, le «colonel» Sémefia Sékou, Com'Théâtre du Commando invisible d'IB à Abobo.
(Coll. Afrique liberté, 10.00 euros, 88 p.) *ISBN : 978-2-296-99597-0*

CÔTE D'IVOIRE CÔTIÈRE (Grand-Bassam - Grand-Lahou)
L'histoire du peuplement à partir des amas coquillers
Kouakou kouassi Siméon - Préface de Josette Rivallain
Les amas coquillers, édifiés du néolithique aux époques actuelles sur les rivages lagunaires, ont un caractère universel et traduisent une économie ancienne adaptée à l'exploitation des lagunes. L'analyse de l'histoire du peuplement de la Côte d'Ivoire côtière, avec ces coquillères, permet de définir des sites anciens (de 1500 av. JC à 1500 ap. JC) et des sites récents dont l'occupation coïncide avec les périodes des grandes migrations en Côte d'Ivoire (au XVIe et XVIIe siècles).
(31.50 euros, 305 p.) *ISBN : 978-2-296-55640-9*

RÉGIME PARLEMENTAIRE
Catalyseur du développement en Afrique
Feldman Jean-Philippe, Koulibaly Mamadou, Gbongue Mamadou, Kouadio Eric – Sous la coordination d'Audace Institut Afrique
Depuis plus de cinquante ans, les pays africains végètent dans des régimes présidentiels qui donnent le pouvoir absolu à un homme : l'hyper-président de la République. La démocratie se limite à un bulletin dans l'urne et la société civile n'a ensuite aucun moyen de contrôle de l'action des dirigeants. Le régime parlementaire est un moyen d'encadrer ce pouvoir, freinant ainsi les dérives. Les conditions de réussite d'un tel régime sont analysées dans cet ouvrage.
(Coll. Harmattan Côte-d'Ivoire, 11.50 euros, 86 p.) *ISBN : 978-2-296-96979-7*

PROPRIÉTÉ LITTÉRAIRE ET ARTISTIQUE
111 clés pour comprendre le droit d'auteur
Etranny Yao Norbert - Préface d'Henriette Dagri Diabaté
La propriété littéraire et artistique est une spécificité dans la famille du droit. Ce livre a pour objectif d'apporter des réponses à toutes les questions relatives à cette thématique. Il se veut une contribution à l'effort de vulgarisation de la propriété intellectuelle en général, de la propriété littéraire et artistique en particulier.
(Coll. Harmattan Côte-d'Ivoire, 12.50 euros, 112 p.) *ISBN : 978-2-296-96976-6*

HÔPITAL (L') PUBLIC DANS LE SYSTÈME SANITAIRE IVOIRIEN
Kouyaté Mohamed D. - Préface du professeur Tagliante Saracino
L'hôpital public apparaît comme un acteur majeur du système sanitaire ivoirien. L'hôpital public ivoirien est, en fait, placé au confluent d'une histoire chargée d'émotions humaines et de rationalité organisationnelle. Du statut de centre d'assistance, l'hôpital a fièrement émigré vers celui d'institution sanitaire ouverte à tous, sans exclusive, forgée par une technologie éprouvée et un potentiel humain de haute qualité scientifique.
(Coll. Harmattan Côte-d'Ivoire, 35.50 euros, 334 p.) *ISBN : 978-2-296-96978-0*

L'HARMATTAN, ITALIA
Via Degli Artisti 15; 10124 Torino

L'HARMATTAN HONGRIE
Könyvesbolt ; Kossuth L. u. 14-16
1053 Budapest

ESPACE L'HARMATTAN KINSHASA
Faculté des Sciences sociales,
politiques et administratives
BP243, KIN XI
Université de Kinshasa

L'HARMATTAN CONGO
67, av. E. P. Lumumba
Bât. – Congo Pharmacie (Bib. Nat.)
BP2874 Brazzaville
harmattan.congo@yahoo.fr

L'HARMATTAN GUINÉE
Almamya Rue KA 028, en face du restaurant Le Cèdre
OKB agency BP 3470 Conakry
(00224) 60 20 85 08
harmattanguinee@yahoo.fr

L'HARMATTAN CAMEROUN
BP 11486
Face à la SNI, immeuble Don Bosco
Yaoundé
(00237) 99 76 61 66
harmattancam@yahoo.fr

L'HARMATTAN CÔTE D'IVOIRE
Résidence Karl / cité des arts
Abidjan-Cocody 03 BP 1588 Abidjan 03
(00225) 05 77 87 31
etien_nda@yahoo.fr

L'HARMATTAN MAURITANIE
Espace El Kettab du livre francophone
N° 472 avenue du Palais des Congrès
BP 316 Nouakchott
(00222) 63 25 980

L'HARMATTAN SÉNÉGAL
« Villa Rose », rue de Diourbel X G, Point E
BP 45034 Dakar FANN
(00221) 33 825 98 58 / 77 242 25 08
senharmattan@gmail.com

L'HARMATTAN TOGO
1771, Bd du 13 janvier
BP 414 Lomé
Tél : 00 228 2201792
gerry@taama.net

607215 - Mai 2015
Achevé d'imprimer par